PROLOGUE

じめに

　財務諸表論は貸借対照表、損益計算書の作成から株主資本等変動計算書やキャッシュ・フロー計算書の作成まで出題範囲は広く、多種多様な形式の出題が考えられます。

　そこで、過去の税理士試験を徹底分析し、財務諸表論を学習されている皆さんに必要最小限の努力で最大限の成果を上げていただけるように項目を厳選・精査し、本書を作成致しました。

　財務諸表論の試験は総合問題の解答が大部分を占めますが、総合問題は複数の個別問題が集まって作成されているものであります。そのため、様々な形式の個別問題に対応できる実力を養成していただくことにより、総合問題への対応力を効率的に習得していただくことができます。

　また、総合問題とは別に応用的な論点や特殊論点が個別問題として出題されることも考えられますので、このような出題に対して対応ができるようにしていただくこともできます。

　財務諸表論を初めて学習される方だけでなく、以前に財務諸表論の学習経験がある方も本書に収容されている問題を完全に理解できるまで繰り返し解答して欲しいと思います。

　大原では昭和54年度から個別計算問題集を発刊し、受験生の皆さんより支持されてまいりました。

　本書を活用して頂くことにより、受験生の皆さんが確実に高得点を出せるようになり、財務諸表論を合格されることを祈念してやみません。

　なお、本書は2024年5月1日現在の施行法令に基づいて作成しております。

資格の大原　税理士講座

Subject.1

税理士試験の合格に必要な計算項目を網羅

　この問題集には、過去の試験傾向及び出題実績を徹底分析することにより、税理士試験の合格に必要な出題頻度の高い基本項目及び出題頻度は低いが過去に出題実績のある応用項目等の問題を織り込んでいます。

　この問題集の学習項目を習得することにより税理士試験を合格する上で必要な知識を身につけることができます。

【簿記論　個別計算問題集の例】

単元	チェック	項目	第64回 平成26年	第65回 平成27年	第66回 平成28年	第67回 平成29年	第68回 平成30年	第69回 令和元年	第70回 令和2年	第71回 令和3年	第72回 令和4年	第73回 令和5年
簿記の概要		損益の見越・繰延		●			●		●	●	●	●
		主要簿及び補助簿										
現金預金		現金の範囲					●		●		●	
									●		●	●

出題実績を徹底分析！

Subject.2

過去の税理士試験の出題実績に基づいた効率的な学習が可能

　過去試験問題を徹底分析することにより税理士試験での出題実績等を考慮し、Ａ、Ｂ、Ｃのランクを付けてありますので、「Ａ→Ｂ→Ｃ」の順で学習を進めることにより、合格を勝ち取るための効率的な学習をすることが可能です。

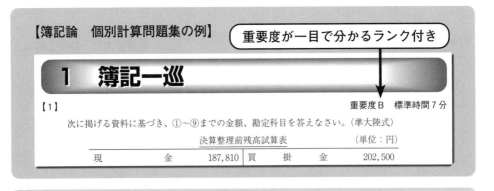

【簿記論　個別計算問題集の例】

重要度が一目で分かるランク付き

1　簿記一巡

【1】　　　　　　　　　　　　　　　　　　　　　　　　重要度Ｂ　標準時間7分
　　次に掲げる資料に基づき、①〜⑨までの金額、勘定科目を答えなさい。(準大陸式)

決算整理前残高試算表			(単位：円)
現　　　　金	187,810	買　　掛　　金	202,500

Ａランク…基本項目であり合格に最低限必要な項目（出題実績が多い項目）
Ｂランク…応用項目のうち過去に出題実績のある項目
Ｃランク…応用項目のうち過去に出題実績が極端に少ない項目及び出題実績はないが出題が想定される項目

Subject.3

重要論点のまとめを掲載

問題編の前に各論点のまとめを収録しています。問題を解答する前に、各論点のポイントを確認することが可能です。

【財務諸表論　個別計算問題集の例】

各論点のポイントを掲載！　　　　　　各項目が一目で分かる

第1回　財務諸表等・その他の基本項目

■関係会社に対する金銭債権・金銭債務

1．独立科目表示

(単位：千円)

Ⅰ 流 動 資 産		Ⅰ 流 動 負 債	
受 取 手 形	8,000	支 払 手 形	5,000
関 係 会 社 受 取 手 形	2,000	関 係 会 社 支 払 手 形	3,000
短 期 貸 付 金	4,000	Ⅱ 固 定 負 債	
関 係 会 社 短 期 貸 付 金	1,000	長 期 借 入 金	2,500
		関 係 会 社 長 期 借 入 金	1,500

Subject.4

個別問題集で段階的に能力アップ

本問題集をご活用いただくことにより仕訳する能力、集計する能力、読解する能力、処理スピード能力が身に付きます。

Point.1

効果的な使用方法

STEP.1 Aランクからスタート

　各問題には、A、B、Cランクが付けられています。まず初めにAランクの問題を解答し、Aランクの項目を習得した後にBランク、Cランクと順次解答するようにして下さい。

　なお、Bランク及びCランクの項目については、数年に一度出題される可能性がある項目であり、税理士試験を確実に合格するために身に付けたい項目となります。

STEP.2 できるまで繰り返し

　各問題には、解答時間の目安を記載していますので標準時間内に正答できるようになるまで反復して練習しましょう。

STEP.3 チェックリストで管理しよう

　チェックリストのチェック欄には、日付、問題の出来・不出来等を記入することにより計画的な学習、弱点項目の把握ができます。

【財務諸表論　個別計算問題集の例】

解答日や出来をメモしておこう

		問題番号	重要度	問題頁数	解答頁数	内　　　　容	チェック		
第1回	財務諸表等・その他の基本項目	問題1	A	P.34	P.162	個別注記表の内容			
		問題2	A	P.36	P.163	独立科目表示、注記(科目別、一括)			

Point.2

応用項目へのステップアップするための効率的な学習が可能

　本書及び総合計算問題集（基礎編）を利用することにより、税理士試験の合格に必要な基本項目を効率的に身に付けることができます。

基本項目を身に付けた後は、近年の税理士試験の出題実績を踏まえた難易度の高い応用項目を収容した総合計算問題集（応用編）を解答することにより税理士試験の合格に必要な解答方法を身に付けることができます。

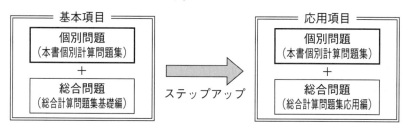

Point.3

資格の大原書籍販売サイト 大原ブックストアをチェック！

法改正や書籍の新刊発売予定など、学習に欠かせない情報をWebで確認できます。
ぜひ一度アクセスしてみて下さい。

https://www.o-harabook.jp/
資格の大原書籍販売サイト 大原ブックストア

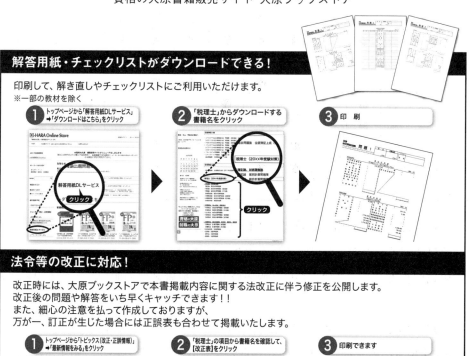

＜傾向分析＞

(1) 準拠法令

　　過去の出題では、そのほとんどが会社法及び会社計算規則に基づくものであり、財務諸表等規則に基づく総合問題の出題は過去に2回ほどである。ただし、財務諸表等規則に基づく出題も考えられるので、財務諸表等規則に基づく出題がなされた場合にも対応できるように、会社計算規則との相違点を中心に確認しておく必要はあるといえる。なお、現在は会社計算規則と財務諸表等規則との実質的な相違はほんのわずかである。

(2) 業種

項目 ＼ 回数	62回	63回	64回	65回	66回	67回	68回	69回	70回	71回	72回	73回
商品販売業		●	●	●		●	●	●		●	●	●
製造業	●				●				●			

(3) 作成計算書類など

項目 ＼ 回数	62回	63回	64回	65回	66回	67回	68回	69回	70回	71回	72回	73回
貸借対照表	●	●	●	●	●	●	●	●	●	●	●	●
損益計算書	●	●	●	●	●	●	●	●	●	●	●	●
株主資本等変動計算書					●					●		
販管費の明細			●			●	●	●	●		●	●
製造原価報告書	●				●				●			
附属明細書その他	●								●			
注記（会計方針）			●	●			●			●		●
注記（上記以外）			●	●		●					●	●
記述問題その他												

- ・「貸借対照表」と「損益計算書」の同時作成に加えて、「株主資本等変動計算書」や「附属明細書」の作成が出題されるパターンが多い。
- ・「附属明細書」としては、特に「販売費及び一般管理費の明細」が多く出題されている。
- ・製造業の場合には、「製造原価報告書」の作成も出題される傾向にある。
- ・注記事項も出題されており、特に「重要な会計方針に係る事項に関する注記」と「貸借対照表等に関する注記」が出題されている。
- ・個別問題としては、穴埋め問題や記述問題も出題される傾向にある。

(4) 出題内容

項目 ＼ 回数	62回	63回	64回	65回	66回	67回	68回	69回	70回	71回	72回	73回
現 金 預 金	●		●	●	●	●	●	●	●	●	●	●
受取手形・売掛金	●	●	●	●	●	●	●	●	●	●	●	●
貸 付 金		●	●		●		●		●		●	
異 常 な 債 権	●	●	●	●	●	●		●	●	●	●	●
貸 倒 引 当 金	●	●	●	●	●	●	●	●	●	●	●	●
有 価 証 券	●	●	●	●	●	●	●	●	●	●	●	●
自 己 株 式	●			●	●		●		●	●		
売 上 関 係			●	●	●	●	●	●	●	●		●
仕 入 関 係	●	●		●	●	●	●	●	●	●		●
減 耗 ・ 評 価 損		●		●		●	●	●			●	●
売上原価の内訳表示	●								●			
他 勘 定 振 替 高	●	●				●			●		●	●
貯 蔵 品			●			●						
減 価 償 却	●	●		●	●	●		●	●		●	●
減 損 処 理	●	●	●	●			●		●		●	
リ ー ス 取 引	●		●	●		●			●		●	
資 産 除 去 債 務	●	●	●		●						●	
建 設 仮 勘 定					●							
そ の 他 固 定 資 産			●	●	●					●	●	
研 究 開 発 ・ ソ フ ト	●		●		●		●		●		●	●
繰 延 資 産												
支払手形・買掛金	●	●	●	●	●	●	●		●	●	●	●
借 入 金	●			●	●	●	●	●			●	●
賞 与				●	●	●	●	●		●		
退 職 給 付 引 当 金	●		●	●	●	●	●	●		●	●	●
株 主 資 本 等 項 目	●	●	●	●	●	●	●	●	●	●	●	●
剰 余 金 の 配 当 等		●						●				●
外 貨 建 項 目	●	●	●	●		●		●	●	●	●	
経 過 勘 定 項 目		●	●	●	●	●	●					●
法 人 税 等	●	●	●	●	●	●	●	●	●	●	●	●
消 費 税 等	●	●	●	●	●	●	●	●	●	●	●	●
税 効 果 会 計	●	●	●	●	●	●	●	●	●	●	●	●

CONTENTS もくじ

まとめ編

第１回　財務諸表等・その他の基本項目

■関係会社に対する金銭債権・金銭債務

１．独立科目表示

(単位：千円)

Ⅰ 流動資産		Ⅰ 流動負債	
受取手形	8,000	支払手形	5,000
関係会社受取手形	2,000	関係会社支払手形	3,000
短期貸付金	4,000	Ⅱ 固定負債	
関係会社短期貸付金	1,000	長期借入金	2,500
		関係会社長期借入金	1,500

２．科目別注記方式

(単位：千円)

Ⅰ 流動資産		Ⅰ 流動負債	
受取手形	10,000	支払手形	8,000
短期貸付金	5,000	Ⅱ 固定負債	
		長期借入金	4,000

〈貸借対照表等に関する注記〉

１．関係会社に対する受取手形は2,000千円、短期貸付金は1,000千円、支払手形は3,000千円、長期借入金は1,500千円である。

３．一括注記方式

(単位：千円)

Ⅰ 流動資産		Ⅰ 流動負債	
受取手形	10,000	支払手形	8,000
短期貸付金	5,000	Ⅱ 固定負債	
		長期借入金	4,000

〈貸借対照表等に関する注記〉

１．関係会社に対する短期金銭債権は3,000千円、短期金銭債務は3,000千円、長期金銭債務は1,500千円である。

第2回　棚卸資産

■棚卸資産の評価損等

＜評価損等の発生原因＞

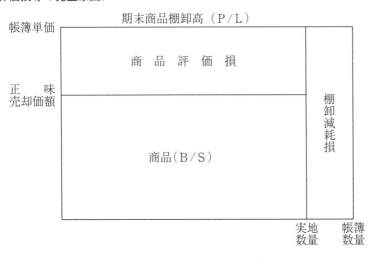

■評価損等の表示

内　　　容 ＼ 表示区分		売上原価の内訳	販売費及び一般管理費	営業外費用	特別損失
棚　卸　減　耗　損	原価性を有する	○（注1）	○（注1）	－	－
	原価性を有しない	－	－	○	○
商　品　評　価　損		○	－	－	－（注2）

（注1）　製造業における原材料の原価性のある棚卸減耗損は製造原価を構成する。

（注2）　臨時の事象に起因し、かつ、多額である評価損は、特別損失に表示する。

■売上原価の内訳表示

	売　上　原　価		
	期首商品棚卸高		×　×　×
外部からの仕入総額…	当期商品仕入高		×　×　×
	合　　　計		×　×　×
通常の販売以外の理由による商品の減少高［他勘定振替高］	見本品費振替高	(△)	×　×　×
	災害損失振替高	(△)	×　×　×
	備品振替高	(△)	×　×　×
	期末商品棚卸高		×　×　×
	差　　　引		×　×　×
商品に係る減耗損・評価損等	商品棚卸減耗損	(＋)	×　×　×
	商品評価損	(＋)	×　×　×　　×　×　×
	売上総利益		×　×　×

■売価還元原価法

売価還元原価法は、下記の算式により求めた原価率を、売価による期末商品棚卸高に乗ずることにより、期末商品の評価額を求める方法である。

$$原価率=\cfrac{期首繰越商品原価+当期商品仕入原価}{\begin{array}{c}期首商品\\売　価\end{array}+\begin{array}{c}当期商品\\仕入原価\end{array}+\begin{array}{c}原始\\値入額\end{array}+値上額-\begin{array}{c}値上\\取消額\end{array}-値下額+\begin{array}{c}値下\\取消額\end{array}}$$

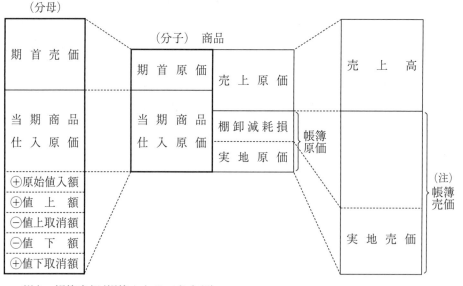

(注)　帳簿売価(帳簿上あるべき金額)

　　　＝原価率の算式の分母の金額(販売可能売価)－総売上高

第3回　固定資産

■有形固定資産

固 定 資 産 の 種 類	貸 借 対 照 表 の 表 示	償 却 費 の 表 示
事 業 用 有 形 固 定 資 産	有形固定資産	販売費及び一般管理費
製 造 用 有 形 固 定 資 産	有形固定資産	製 造 原 価 （ 経 費 ）
投資目的で賃貸されている固定資産	投資その他の資産（投資不動産）	営 業 外 費 用
将 来 事 業 の 用 に 供 す る 目 的 で 所 有 す る 遊 休 施 設 等	有形固定資産	営 業 外 費 用

■無形固定資産

	償 却 期 間	表 示 区 分
借 　 地 　 権	原 則 と し て 償 却 不 要	──
そ の 他 の 無 形 固 定 資 産	問題の指示に従う ※1	原則として販売費及び一般管理費 ※2

※1　自社利用のソフトウェアは、見込利用可能期間で償却する。

※2　製造に係る特許権、商標権等の償却は製造原価（経費）となる。

■固定資産の減損処理

1．減損処理の対象資産

区　　分	具　体　例
有形固定資産	建物、機械装置、土地、建設仮勘定　等
無形固定資産	のれん、特許権、借地権、ソフトウェア　等
投資その他の資産	投資不動産　等

2．減損処理の手順

(1)　減損の兆候

減損の兆候がある場合に、減損損失を認識するかどうかの判定を行う。

(2)　減損損失の認識

割引前将来キャッシュ・フローの総額が帳簿価額を下回る場合には、減損損失を認識する。

(3)　減損損失の測定

減損損失を認識すべきであると判定されたものについて、減損損失の金額の算定を行う。

3．財務諸表の表示

貸借対照表の表示

直接控除形式

（単位：千円）

損益計算書の表示

減損損失額は、特別損失の区分に「減損損失」として表示する。

■リース取引

	種　　　　類		会計処理	減価償却
リース取引	ファイナンス・リース	所有権移転 ［リース期間終了 後所有権が移転］	通常の売買取引に係る方法に準じた会計処理 （資産計上）	自己所有資産と同様
		所有権移転外 ［リース期間終了 後返還］		耐用年数：リース期間 残存価額：ゼロ
	オペレーティング・リース	────────	通常の賃貸借取引に係る方法に準じた会計処理 （費用処理）	────────

■資産除去債務

1．取得時

（固　定　資　産）　　　×××※　　（現　金　預　金）　　　×××
　　　　　　　　　　　　　　　　　　（資　産　除　去　債　務）　×××

　※　購入価額＋除去費用（資産除去債務）

2．決算時

(1) 利息費用

（利　息　費　用）　　　×××※　　（資　産　除　去　債　務）　×××

　※　期首資産除去債務×割引率

(2) 減価償却

（減　価　償　却　費）　　×××※　　（減　価　償　却　累　計　額）　×××

　※　購入価額＋除去費用（資産除去債務）に係る減価償却費

第4回　引当金

■債権の区分

一　般　債　権	経営状態に重大な問題が生じていない債務者に対する債権
貸倒懸念債権	経営破綻の状況には至っていないが、債務の弁済に重大な問題が生じているか又は生じる可能性の高い債務者に対する債権
破産更生債権等	経営破綻又は実質的に経営破綻に陥っている債務者に対する債権

■貸倒懸念債権の表示

　　貸倒懸念債権に該当する債権は、原則として一般債権と同様に取り扱い、科目の振替は不要である。

■破産更生債権等の表示

事　　　由	表　示　科　目
破　　　　　　　産	破　産　更　生　債　権　等
民　　事　　再　　生	
会　　社　　更　　生	
手形交換所の取引停止処分	

■貸倒引当金

債権の区分	引当方法	貸倒見積高の計算方法	
一　般　債　権	総括引当	一般債権の総額×貸倒実績率	
貸倒懸念債権	個別引当	財務内容評価法	(債権額−担保の処分見込額−保証による回収見込額)×回収不能率
		キャッシュ・フロー見積法	債権の帳簿価額−債権の元本及び利息について当初の約定利子率で割り引いた現在価値の総額
破産更生債権等		破産更生債権等の債権額−担保の処分見込額−保証による回収見込額	

■貸倒れに関する処理

			表 示 区 分	表 示 科 目
貸倒引当金の 設 定	一 般 債 権 貸倒懸念債権	営 業 債 権	販 売 費 及 び 一 般 管 理 費	貸倒引当金繰入
		営 業 外 債 権	営 業 外 費 用 ※1	
	破産更生債権等		特 別 損 失 ※2	
貸倒れ	当期発生 金銭債権	一 般 債 権 貸倒懸念債権	営 業 債 権	販 売 費 及 び 一 般 管 理 費	貸 倒 損 失
		営 業 外 債 権	営 業 外 費 用 ※1	
	破産更生債権等		特 別 損 失 ※2	
	過年度発生 金銭債権	貸倒引当金で充当処理		
過年度設定貸倒引当金の過大額			営 業 外 収 益	貸倒引当金戻入
償 却 債 権 の 回 収 額			営 業 外 収 益	償却債権取立益

※1 便宜的に営業外債権に対するものも含め一括して販売費及び一般管理費に表示する場合もある。

※2 元の債権の区分に応じて販売費及び一般管理費又は営業外費用に表示する場合もある。

■貸倒引当金以外の引当金

損益計算書の表示

引 当 金 の 名 称	表 示 区 分	表 示 科 目
賞 与 引 当 金 修 繕 引 当 金 役 員 賞 与 引 当 金 役員退職慰労引当金	販 売 費 及 び 一 般 管 理 費	○○引当金繰入※
債務保証損失引当金 損害補償損失引当金	営 業 外 費 用 又 は 特 別 損 失	
退 職 給 付 引 当 金	販 売 費 及 び 一 般 管 理 費	退 職 給 付 費 用 ※

※ 工員の賞与引当金繰入、退職給付費用、製造機械の修繕引当金繰入等は、製造原価を構成する。

貸借対照表の表示

引　当　金　の　名　称	表　示　区　分
賞　与　引　当　金 修　繕　引　当　金 役　員　賞　与　引　当　金	流　動　負　債
退　職　給　付　引　当　金 役員退職慰労引当金	固　定　負　債
債務保証損失引当金 損害補償損失引当金	流　動　負　債 又は 固　定　負　債

通常1年基準に基づいて、流動・固定の分類をしている。

■退職給付に係る会計処理

<原則法>

1．期首

・退職給付費用の計上

（退　職　給　付　費　用）　　　×××[※]　　　（退　職　給　付　引　当　金）　　　×××

※　勤務費用＋利息費用－期待運用収益±差異の費用処理額

2．期中

・退職一時金の支払い

（退　職　給　付　引　当　金）　　　×××[※]　　　（現　金　預　金）　　　×××

※　退職給付債務の減少→退職給付引当金の取崩し

・年金基金への掛金の拠出

（退　職　給　付　引　当　金）　　　×××[※]　　　（現　金　預　金）　　　×××

※　年金資産の増加→退職給付引当金の取崩し

・年金基金からの年金の支給

仕訳なし

3．期末

・数理計算上の差異を発生年度から費用処理する場合

（退　職　給　付　費　用）　　　×××　　　（退　職　給　付　引　当　金）　　　×××

<簡便法>

退職給付費用の算定

1．退職一時金制度

当期末自己都合要支給額－（前期末自己都合要支給額－一時金支給額）

2．企業年金制度

当期末退職給付引当金^{（注1）}－（前期末退職給付引当金^{（注2）}－掛金拠出額）

（注1）　当期末数理債務－当期末年金資産

（注2）　前期末数理債務－前期末年金資産

3．1.＋2.

第5回　有価証券

■有価証券の保有目的による区分

保有目的による区分	定　　　　　義
売買目的有価証券	時価の変動により利益を得ることを目的として保有する有価証券
満期保有目的の債券	満期まで所有する意図をもって保有する社債その他の債券
子会社株式及び関連会社株式	子会社の株式、関連会社の株式
その他有価証券	上記のいずれにも該当しない有価証券

■有価証券の貸借対照表の表示

保有目的区分	内　　　容	表　示　区　分	表　示　科　目
売買目的有価証券	すべて	流　動　資　産	有　価　証　券
満期保有目的の債券	1年以内満期到来の債券	流　動　資　産	有　価　証　券
その他有価証券	上記以外		投資有価証券
子会社株式及び関連会社株式	子会社の株式	投資その他の資産	関係会社株式
子会社株式及び関連会社株式	関連会社の株式	投資その他の資産	関係会社株式

　　会社法及び会社計算規則に基づいた場合、関係会社の社債は、株式ではないため、別科目表示の対象とはならず、有価証券又は投資有価証券として表示する。

■有価証券の評価・評価差額等の表示

	貸借対照表価額	評価差額等の取り扱い
売買目的有価証券	時価	損益計算書 　営業外収益（費用） 　有価証券評価益（損）
満期保有目的の債券	取得原価	───────
	＜償却原価法の適用＞ 償却原価	損益計算書 　営業外収益 　有価証券利息に加減 　（当期償却額）
子会社株式及び関連会社株式	取得原価	───────
その他有価証券	時価	＜全部純資産直入法＞ 貸借対照表 　評価・換算差額等 　その他有価証券評価差額金 　（評価差額の合計額） 　※税効果相当額控除後の金額
	取得原価（注）	───────
減損処理	時価又は実質価額	損益計算書 　特別損失 　投資有価証券評価損 　関係会社株式評価損

（注）　市場価格のない株式等

■有価証券の売却損益の表示

	表 示 区 分	表 示 科 目
売買目的有価証券	営業外収益（費用）	有価証券売却益（損）
子会社株式及び関連会社株式	特 別 利 益（損失）	関係会社株式売却益（損）
その他有価証券	営業外収益（費用）又は特別利益（損失）	投資有価証券売却益（損）

　その他有価証券の売却損益は、臨時的なもの（「業務上の関係を有する会社の株式の売却」や「資金運用方針の変更に伴う売却」など）は特別利益（損失）に表示し、臨時的以外のもの（「市場動向の推移を見ながら売却を行うことを目的として取得したその他有価証券の売却」など）は営業外収益（費用）に表示する。

■証券投資信託

１．評価

　(1)　基本的取り扱い

　　「売買目的有価証券」、「満期保有目的の債券」、「その他有価証券」に準じて評価する。

　(2)　預金と同様の性格をもつもの

　　実質的に元本の毀損のおそれがほとんどないと考えられるものは、取得原価により評価する。

２．貸借対照表の表示

内 　容	表 示 区 分	表 示 科 目
運用目的のもの	流 動 資 産	有 価 証 券
預金と同様の性格をもつもの		
１年以内に満期の到来するもの		
１年を超えて満期の到来するもの	投資その他の資産	投 資 有 価 証 券

■ゴルフ会員権

1．評価

原則として、取得価額をもって計上する。

時価の著しい下落が生じた場合（回復の見込みがあると認められる場合を除く）又は発行会社の財政状態が著しく悪化した場合には、減損処理を行う。

預託保証金形式のものについては、預託保証金額を上回る部分は直接評価損を計上し、下回る部分については貸倒引当金を設定する。

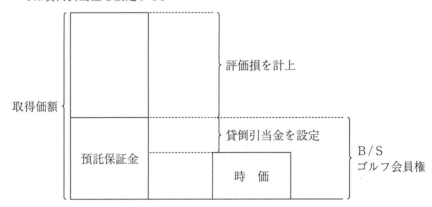

2．財務諸表の表示

(1) 貸借対照表の表示

表　示　区　分	表　示　科　目
投資その他の資産	ゴ ル フ 会 員 権

(2) 損益計算書の表示

表　示　区　分	表　示　科　目
特　　別　　損　　失	ゴルフ会員権評価損
	貸 倒 引 当 金 繰 入

第6回　税効果会計

■差異の具体例

①　一時差異

(1)　将来減算一時差異

・各種引当金の繰入限度超過額

・未払事業税

・減損損失

・資産除去債務

・その他有価証券の評価替えによる評価差額（評価損）等

(2)　将来加算一時差異

・圧縮記帳（積立金方式）による圧縮相当額

・資産除去債務に対応する除去費用

・その他有価証券の評価替えによる評価差額（評価益）等

②　永久差異

・交際費等の損金不算入額

・寄附金の損金不算入額

・罰科金の損金不算入額

・受取配当等の益金不算入額

■差異の効果と処理

	将来減算一時差異	将来加算一時差異
効　果	解消時の課税所得を減少	解消時の課税所得を増加
仕　訳 （発生時）	（繰延税金資産）　×× 　（法人税等調整額）　××	（法人税等調整額）　×× 　（繰延税金負債）　××

■税効果会計に係る表示

・貸借対照表

資　産　の　部	負　債　の　部
固定資産	
投資その他の資産	固定負債
繰延税金資産　　　×××←相殺→繰延税金負債　　　×××	

　　　投資その他の資産に属する繰延税金資産と固定負債に属する繰延税金負債は、相殺して表示する。

・損益計算書

税引前当期純利益		×××
法人税、住民税及び事業税	×××	
法人税等調整額	×××	×××
当期純利益		×××

　　　法人税等調整額が貸方残の場合には、金額の前に「△」を付して表示する。

第7回　外貨建取引

■換算に伴う表示

・換算により差額が生じた場合は、営業外収益（費用）に純額で為替差益（損）として表示する。

■外貨建金銭債権債務に係る為替予約（独立処理）

　独立処理とは、外貨建取引と為替予約取引とを独立した別個の取引とみなして処理する方法である。以下、為替予約取引に係る処理を示す。

1. 為替予約日

　　仕訳不要

2. 決算日

（為　替　予　約）	×××　　（為　替　差　損　益）	×××

又は

（為　替　差　損　益）	×××　　（為　替　予　約）	×××

3. 決済日

（現　金　預　金）	×××　　（為　替　予　約）	×××
	（為　替　差　損　益）	×××

■外貨建金銭債権債務に係る為替予約（振当処理）

　振当処理とは、外貨建取引日の直物レートで換算されている外貨建金銭債権債務の帳簿価額を、為替予約による先物レートの換算額へ修正する方法である。

為替予約差額の処理	B/S計上額
直直差額→予約日の属する期の為替差損益として認識 直先差額→　当期対応分→為替差損益 　　　　　　翌期以降対応分 　　　　　　　→（長期）前払費用 　　　　　　　　　（長期）前受収益	為替予約相場による円換算額

■外貨建有価証券

決算時の換算及び換算差額等の処理

換算対象となる外貨額			適用相場	処　理
売買目的有価証券の外貨建て時価			決算時レート	有価証券の評価損益
満期保有目的の債券	外貨建て取得原価		決算時レート	為替差損益
	償却原価法の適用	外貨建て当期償却額	期中平均レート	有価証券利息
		当期末における外貨建て償却原価	決算時レート	為替差損益
子会社株式等の外貨建て取得原価			取得時レート	——
その他有価証券の外貨建て時価※			決算時レート	有価証券の評価差額
減損処理が行われる場合の外貨建て時価又は実質価額			決算時レート	有価証券の評価損

※　市場価格のない株式等については、外貨建て取得原価

第8回　繰延資産

■支出時費用処理

	表 示 区 分	表 示 科 目
株 式 交 付 費	営 業 外 費 用	○　○　　費
社 債 発 行 費		
創 　 立 　 費		
開 　 業 　 費		
開 　 発 　 費	販売費及び一般管理費	

■繰延資産の償却

　　未償却残高を繰延資産の区分に表示する。償却額の表示区分は支出時に費用処理する場合と同様である。

	償却期間	償 却 方 法	表 示 科 目
株 式 交 付 費	3 年 以 内	定　　　額　　　法	○○費償却
創 　 立 　 費	5 年 以 内		
開 　 業 　 費			
開 　 発 　 費			
社 債 発 行 費	償 還 ま で	利息法又は定額法	

第9回 税 金

■法人税等・租税公課の表示

＜損益計算書の表示＞

税 引 前 当 期 純 利 益	×××
法人税、住民税及び事業税 （△）	×××
当 期 純 利 益	×××

	内　　容	表 示 区 分	表 示 科 目
事業税	外形基準 （付加価値割及び資本割）	販売費及び一般管理費	租　税　公　課
	所得基準 （所得割）	税引前当期純利益の次	法人税、住民税及び事業税

　なお、貸借対照表における未払法人税等の表示においては、外形基準による事業税は区別せず、外形基準部分の未払額についても流動負債の「未払法人税等」に含めて表示する。

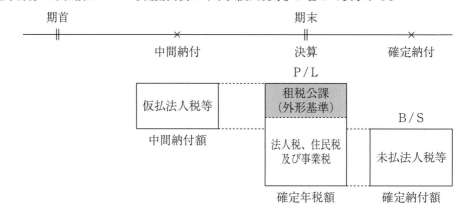

■損益計算書の表示

種　　　類	表　示　区　分	表　示　科　目
法 人 税 ・ 住 民 税 事 業 税（所 得 基 準）	税引前当期純利益の次	法人税、住民税及び事業税
（上記の）追　徴　税	法人税、住民税及び事業税の次	法人税、住民税及び事業税追徴税額
（上記の）還　付　税		法人税、住民税及び事業税還付税額
固 定 資 産 税 事 業 税（外 形 基 準） 自 動 車 税 印 紙 税 等 町 内 会 費	販売費及び一般管理費	租　　税　　公　　課

■貸借対照表の表示

種　　　類	表　示　区　分	表　示　科　目
未 払 の 法 人 税 等	流　　動　　負　　債	未 払 法 人 税 等

法人税等の追徴税額のうち納付されていない額は、「未払法人税等」に含めて表示する。

■消費税等

1．会計処理

(1) 仮払消費税等の支払い

| （○　　　○　　　○） | ×××　 | （○　　　○　　　○） | ××× |

（仮 払 消 費 税 等）　×××

(2) 仮受消費税等の受取り

| （○　　　○　　　○） | ×××　 | （○　　　○　　　○） | ××× |

（仮 受 消 費 税 等）　×××

(3) 決算における未払消費税等の計上

消費税等の年税額と中間納付額が与えられた場合には、その差額により未払消費税等の金額を算定することができる。

① 差額がない場合

| （仮 受 消 費 税 等） | ×××　 | （仮 払 消 費 税 等） | ××× |
| | | （未 払 消 費 税 等） | ××× |

② 差額がある場合

（仮 受 消 費 税 等）	×××	（仮 払 消 費 税 等）	×××
		（未 払 消 費 税 等）	×××
		（雑　　収　　入）	×××※

※ 借方残の場合には、租税公課又は雑損失として処理する。

なお、仮受消費税等よりも仮払消費税等が多い場合には、その差額は後日還付されることになるので、「未収消費税等」として処理する。

(例) 仮受消費税等600及び仮払消費税等625である場合の期末振替処理

| （仮 受 消 費 税 等） | 600 | （仮 払 消 費 税 等） | 625 |
| （未 収 消 費 税 等） | 25 | | |

2．貸借対照表の表示

「未払消費税等」は、B/Sの流動負債に表示される。

「未収消費税等」は、B/Sの流動資産に表示される。

第10回　株主資本

■剰余金の配当

1．会計処理

（その他資本剰余金）	×××	（資 本 準 備 金）	×××
（繰 越 利 益 剰 余 金）	×××	（利 益 準 備 金）	×××
		（未 払 配 当 金）	×××
（未 払 配 当 金）	×××	（現 金 預 金）	×××

2．準備金の積立

(1)　資本金額 $\times \dfrac{1}{4} -$（資本準備金既積立額＋利益準備金既積立額）

(2)　配当額 $\times \dfrac{1}{10}$

(3)　(1)≦(2)　いずれか小さい金額

　① 　資本準備金の積立額

　　上記(3)の金額×資本剰余金配当割合 $\left[\dfrac{その他資本剰余金からの配当額}{剰余金の配当額※} \right]$

　② 　利益準備金の積立額

　　上記(3)の金額×利益剰余金配当割合 $\left[\dfrac{その他利益剰余金からの配当額}{剰余金の配当額※} \right]$

　※ 　剰余金の配当額

　　その他資本剰余金からの配当額とその他利益剰余金からの配当額の合計額

■自己株式

1．自己株式の取得

（自 己 株 式）	×××	（現 金 預 金）	×××

2．自己株式の処分

申込証拠金受入時

（現 金 預 金）	×××	（自己株式申込証拠金）	×××

払込期日

（自己株式申込証拠金）	×××	（自 己 株 式）	×××
		（その他資本剰余金）	×××※

　※ 　自己株式の処分差損の場合には、その他資本剰余金から減額する。

　　　なお、会計期間末において、その他資本剰余金が負の値の場合には、その他資本剰余金の

　　　残高をゼロとして、その他利益剰余金（繰越利益剰余金）から減額する。

3．自己株式の消却

（その他資本剰余金）	×××	（自 己 株 式）	×××

第11回　社債・新株予約権等

■社　債

1．発行時

（現　金　預　金）	×××	（社　　　　　債）	×××
（社 債 発 行 費）	×××	（現　金　預　金）	×××

2．償却原価法（割引発行の場合）

(1) 利息法

① 利払日（年1回を前提とする）

（社　債　利　息）	×××	（現　金　預　金）	××× 貸借差額
		（社　　　　　債）	×××

② 決算時

　　仕訳なし

(2) 定額法

① 利払日（年1回を前提とする）

（社　債　利　息）	×××	（現　金　預　金）	×××

② 決算時

（社　債　利　息）	×××	（社　　　　　債）	×××

3．財務諸表の表示

(1) 貸借対照表の表示（償還期限が1年を超えて到来）

表　示　区　分	表　示　科　目
固　定　負　債	社　　　　　債

(2) 損益計算書の表示

表　示　区　分	表　示　科　目
営　業　外　費　用	社　債　発　行　費
	社　債　利　息

なお、社債利息については、支払利息に含めて表示することもある。

また、社債発行費については、例外として、繰延資産に計上することもできる。

■ストック・オプション

1．権利確定日以前

（1）ストック・オプション付与時

　　仕訳なし

（2）対象勤務期間における毎決算時

（株 式 報 酬 費 用）　　×××[※]　　（新 株 予 約 権）　　×××

　　　　└─→P／L　販売費及び一般管理費（又はC／R　労務費）

※　ストック・オプションの公正な評価額のうち対象勤務期間を基礎とする方法に基づき当期に

　発生したと認められる額を費用計上額とする。

　　ストック・オプションの費用計上額は、以下の手順で算定する。

> ①　ストック・オプション数
>
> 　　従業員等の数×１名当たりの付与数
>
> ②　公正な評価額
>
> 　　公正な評価単価×①
>
> ③　費用計上額
>
> 　　②×$\dfrac{\text{付与日〜当期末}^{※}}{\text{付与日〜権利確定日}}$－前年度までの費用計上額
>
> 　　※　権利確定日が到来する場合には権利確定日

2．権利確定日後

（1）権利行使時（新株発行）

（現 金 預 金）　　×××　　（資 本 金）　　×××

（新 株 予 約 権）　　×××　　（資 本 準 備 金）　　×××

（2）権利行使時（自己株式の処分）

（現 金 預 金）　　×××　　（自 己 株 式）　　×××

（新 株 予 約 権）　　×××　　（その他資本剰余金）　　×××

3．権利行使期間満了時（権利不行使による失効分）

（新 株 予 約 権）　　×××　　（新株予約権戻入益）　　×××

　　　　　　　　　　　　　　　　　　└─→P／L　特別利益

第12回　製造業会計

■原価要素の分類

	製 造 原 価 報 告 書	
材料費	素材費 買入部品費 燃料費 工場消耗品費 消耗工具器具備品費　　　　　他	
労務費	工員に係る賃金 　〃　　賞与引当金繰入 　〃　　退職給付費用 　〃　　法定福利費　　　　　他	
経費	製造に係る減価償却費 　〃　　修繕費（修繕引当金繰入） 　〃　　水道光熱費 　〃　　租税公課 特許権償却（特許権使用料） 工員に係る福利厚生費（注） 外注加工費　　　　　　　他	

（注）　工員に係る福利厚生費については、労務費として取り扱うことも考えられる。

■材料の評価損等

項　　目	表　示　区　分	
(原) 材料棚卸減耗損	原価性を 有する	製 造 原 価 報 告 書 の 経 費
	原価性を 有しない	損 益 計 算 書 の 営 業 外 費 用 又　　は 損 益 計 算 書 の 特 別 損 失
(原) 材料評価損	損益計算書の売上原価の内訳科目 又　　は 製 造 原 価 報 告 書 の 経 費 （注）	

（注）　材料の収益性が低下した場合において、製造に関連し不可避的に発生すると認められるものについては、製造原価報告書の経費として処理することが考えられる。

■製品の評価損等

項　　目		表　　示　　区　　分
製品棚卸減耗損	原価性を 有　する	損益計算書の売上原価の内訳科目 又　　は 損益計算書の販売費及び一般管理費
	原価性を 有しない	損益計算書の営業外費用 又　　は 損益計算書の特別損失
製品評価損		損益計算書の売上原価の内訳科目

※　製品の評価損等の表示は商品と同様である。

■期末仕掛品の評価（完成度換算法）

・工程始点に材料を投入し、以後は加工のみが行われる場合

　加工費（労務費・経費）のみに進捗度を考慮して計算する。

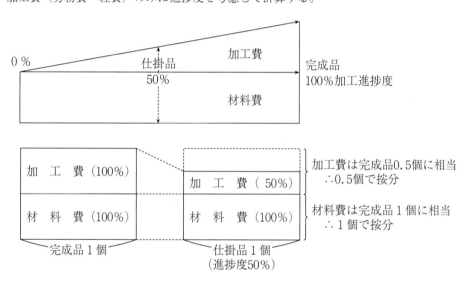

第13回　研究開発費等

■研究開発費・ソフトウェア

1．研究開発費に係る会計処理

　　研究開発費は、発生時に費用として処理する。

2．自社利用のソフトウェアに係る会計処理

　(1)　ソフトウェアの導入費用

　　　①　ソフトウェアの取得価額に含めるもの

　　　　・導入にあたって必要とされる設定作業の費用

　　　　・自社の仕様に合わせるために行う付随的な修正作業の費用

　　　②　発生時の費用とするもの

　　　　・新しいシステムでデータを利用するために旧システムのデータをコンバートするための費用

　　　　・ソフトウェアの操作をトレーニングするための費用

　(2)　ソフトウェアの償却

　　　自社利用のソフトウェアの償却は、次のとおり行う。

　　・一般的には定額法により償却する。（月割計算）

　　・見込利用可能期間（原則として5年以内の年数）を耐用年数とする。

　　・残存価額はゼロとする。

　　・償却額は、一般管理費又は当期製造費用として取り扱う。

　(3)　ソフトウェアの表示

　　　将来の収益獲得又は費用削減が確実であると認められる場合→無形固定資産「ソフトウェア」

　　　制作途中のソフトウェアの制作費→無形固定資産「ソフトウェア仮勘定」

第14回　会社法規定等

■分配可能額の算定

1. 概要

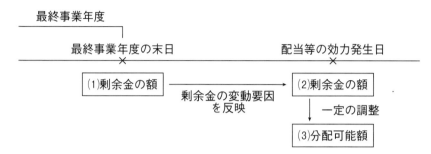

2. 最終事業年度の末日における剰余金の額（1.(1)の額）

最終事業年度の末日における貸借対照表

資産の額	負債の額	
	資本金及び準備金の額の合計額	
	法務省令で定める額	←評価・換算差額等、新株予約権　等
	その他資本剰余金及びその他利益剰余金の額の合計額	最終事業年度の末日における剰余金の額
自己株式の帳簿価額		

3. 配当等の効力発生日における剰余金の額（1.(2)の額）

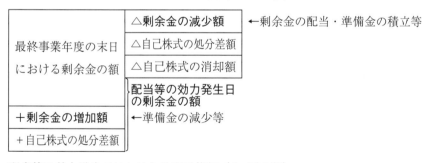

4. 配当等の効力発生日における分配可能額（1.(3)の額）

配当等の効力発生日の剰余金の額	△自己株式の帳簿価額
	△その他有価証券評価差額金（差損）
	△自己株式の処分対価
	△のれん等調整額
	分配可能額

第15回　収益認識

■基本原則

「収益認識に関する会計基準」では収益を認識するために以下の５つのステップが適用される。

| ステップ１ | 顧客との契約を識別する。 |

| ステップ２ | 契約における履行義務を識別する。 |

| ステップ３ | 取引価格を算定する。 |

| ステップ４ | 契約における履行義務に取引価格を配分する。 |

| ステップ５ | 履行義務を充足した時に又は充足するにつれて収益を認識する。 |

■適用例

（収益を認識するための５つのステップの適用例）

前提条件

(1) 当期首に、A社（当社）はB社（顧客）と、標準的な商品Xの販売と２年間の保守サービスを提供する１つの契約を締結した。

(2) A社は、当期首に商品XをB社に引き渡し、当期首から翌期末までの保守サービスを行う。

(3) 契約書に記載された対価の額は12,000千円である。

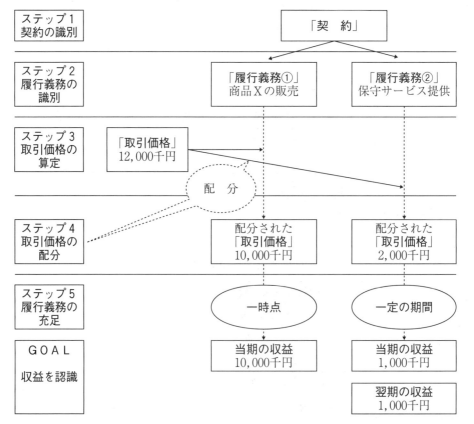

第16回　その他特殊項目

■キャッシュ・フロー計算書

1．概要

（ひ　な　型）	（記　載　内　容）
Ⅰ　営業活動によるキャッシュ・フロー　→	企業の本業における資金の収支、営業活動と間接的な関係にある利息や保険金・税金など
Ⅱ　投資活動によるキャッシュ・フロー　→	設備投資や関係会社等への投融資、余剰資金の運用など
Ⅲ　財務活動によるキャッシュ・フロー　→	借入金や社債の収支、株式の発行や配当金の支払額など
Ⅳ　現金及び現金同等物の増加額（又は減少額）	
Ⅴ　現金及び現金同等物の期首残高	
Ⅵ　現金及び現金同等物の期末残高	

2．資金の範囲

　キャッシュ・フロー計算書においてキャッシュとして示される資金の範囲は「現金及び現金同等物」である。従って、キャッシュ・フローとは現金及び現金同等物の増加又は減少をいう。

(1)　現　　　　　金……手許現金、要求払預金及び特定の電子決済手段

　　　　　　　　　なお、要求払預金とは、当座預金、普通預金等をいう。

(2)　現金同等物……容易に換金可能であり、かつ、価値の変動について僅少なリスクしか負わない短期投資をいう。具体的には、投資期間が３ヶ月以内の定期預金及び公社債投資信託等が該当する。

　投資期間が３ヶ月以内の定期預金及び公社債投資信託等とは、取得日から満期日又は償還日までの期間が３ヶ月以内のものをいう。

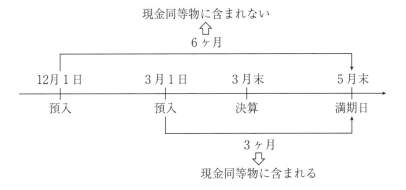

問　題　編

第1回　財務諸表等・その他の基本項目

■問題1　次の事項のうち、会社計算規則に準拠して貸借対照表、損益計算書を作成した場合におい
て、重要な会計方針に係る事項に関する注記、貸借対照表等に関する注記及び損益計算書に関
する注記となるものを選びなさい。

① 商品の評価は、先入先出法に基づく原価法（貸借対照表価額は収益性の低下に基づく簿価切下げ
の方法により算定）を採用している。

② 商標権は定額法によって償却を行っている。

③ 経理部長であるＺ氏（役員ではない）に対する金銭債権は1,000千円である。

④ 常務取締役Ｙ氏に対する金銭債権は2,000千円である。

⑤ 受取手形5,000千円の割引を行っており、当該手形は期末現在未決済である。

⑥ 当社の親会社であるＡ社からの仕入高が50,000千円ある。

⑦ 土地のうち100,000千円が長期借入金120,000千円の担保に供されている。

⑧ Ｂ社の借入金（200,000千円）に対して、債務保証を行っている。

⑨ 監査役Ｃ氏に対する金銭債務の総額は3,200千円である。

⑩ 関係会社株式の評価は、移動平均法による原価法を採用している。

解答欄

	番　号　記　入　欄
重要な会計方針に係る事項に関する注記	
貸 借 対 照 表 等 に 関 す る 注 記	
損 益 計 算 書 に 関 す る 注 記	

■問題2　次の資料により、貸借対照表を作成しなさい。

問1　独立科目表示による場合

問2　注記方式による場合

残高試算表の一部　　　　　（単位：千円）

受 取 手 形	10,000	支 払 手 形	10,000
売 掛 金	10,000	買 掛 金	20,000
短 期 貸 付 金	20,000	短 期 借 入 金	10,000
前 渡 金	1,000	前 受 金	500

<資料>

(1) 議決権の所有関係は、次表に示すとおりである。

会社名	議 決 権 の 所 有 関 係
Ａ　社	Ａ社は、当社の議決権の51%を所有している。
Ｂ　社	当社は、Ｂ社の議決権の51%を所有している。

(2) Ａ社に対する債務は以下のとおりである。

支払手形　4,000千円

買掛金　3,000千円　短期借入金　6,000千円

(3) Ｂ社に対する債権は以下のとおりである。

受取手形　2,000千円　売掛金　5,000千円

解 答 欄

問1

貸 借 対 照 表　　　　　（単位：千円）

I 流 動 資 産			I 流 動 負 債		
受 取 手 形	(	)	支 払 手 形	(	)
(	) (	)	(	) (	)
売 掛 金	(	)	買 掛 金	(	)
(	) (	)	(	) (	)
短 期 貸 付 金	(	)	短 期 借 入 金	(	)
前 渡 金	(	)	(	) (	)
			前 受 金	(	)

問2

貸 借 対 照 表　　　　　（単位：千円）

I 流 動 資 産			I 流 動 負 債		
受 取 手 形	(	)	支 払 手 形	(	)
売 掛 金	(	)	買 掛 金	(	)
短 期 貸 付 金	(	)	短 期 借 入 金	(	)
前 渡 金	(	)	前 受 金	(	)

※　科目別注記方式

〈貸借対照表等に関する注記〉

※　一括注記方式

〈貸借対照表等に関する注記〉

■問題3　次の資料により、当社の貸借対照表（一部）を完成させなさい。

（会計期間　X2年4月1日～X3年3月31日）

一部決算整理済残高試算表

X3年3月31日　　　　　　　（単位：千円）

現　　　　金	1,895	買　　掛　　金	12,000
預　　　　金	70,737		
商　　　　品	70,000		
貸　付　　金	7,500		

〔修正事項〕

(1)　当期末に金庫を実地調査したところ、次に掲げる事項が明らかとなった。

①　修繕費の支払いのために甲銀行口座より振出した小切手　220千円（未渡しのものである。）

②　買掛金決済のために甲銀行口座より振出した小切手　53千円（未渡しのものである。）

(2)　預金勘定の内訳は次のとおりである。

（単位：千円）

	当　　　座	普通預金	積立預金	定期預金	合計
甲銀行	5,247	15,675	0	4,500	25,422
乙銀行	△　795	30,510	3,150	6,750	39,615
丙銀行	0	0	4,200	1,500	5,700
合計	4,452	46,185	7,350	12,750	70,737

①　乙銀行の当座△795千円は、当座借越を示している。

②　乙銀行の積立預金は、X1年7月10日契約（月掛15万円、24回積立）の期末現在額である。

③　丙銀行の積立預金は、X2年2月5日契約（月掛30万円、36回積立）の期末現在額である。

④　定期預金は、全て長期のものである。

(3)　貸付金は、全て翌期より毎月末において300千円ずつ回収されるものである。

解 答 欄

貸 借 対 照 表

X3年 3 月31日現在　　　　　　（単位：千円）

資 産 の 部		負 債 の 部	
Ⅰ　流 動 資 産		Ⅰ　流 動 負 債	
（　　　　　）	（　　　　　）	（　　　　　）	（　　　　　）
（　　　　　）	（　　　　　）	（　　　　　）	（　　　　　）
（　　　　　）	（　　　　　）	（　　　　　）	（　　　　　）
Ⅱ　固 定 資 産			
3　投資その他の資産			
（　　　　　）	（　　　　　）		
（　　　　　）	（　　　　　）		

■問題４　次の資料に基づき、当社の貸借対照表（一部）を完成させなさい。

（会計期間　X1年４月１日～X2年３月31日）

〈資料１〉　決算整理前残高試算表の一部

現金及び預金　　142,000千円

買　掛　金　　　5,000千円

〈資料２〉　現金及び預金の内訳

(1)　現　　　　　金　　10,000千円

(2)　当　　　　　座　　100,000千円（甲銀行に対する当座借越30,000千円が控除されている。）

(3)　定　期　預　金　　30,000千円（満期日：X3年８月７日）

(4)　他社振出小切手　　2,000千円（振出日：X2年４月３日）

なお、期末に当社の金庫を実査したところ買掛金決済のために甲銀行口座より振出したはずの小切手500千円が発見された。また、甲銀行とは当座借越契約を締結している。

解答欄

貸 借 対 照 表

X2年３月31日現在　　　　　　　（単位：千円）

資 産 の 部		負 債 の 部	
Ⅰ　流　動　資　産		Ⅰ　流　動　負　債	
（　　　　　）	（　　　　　）	（　　　　　）	（　　　　　）
（　　　　　）	（　　　　　）	（　　　　　）	（　　　　　）
Ⅱ　固　定　資　産			
3　投資その他の資産			
（　　　　　）	（　　　　　）		

■問題5　次の資料により、貸借対照表及び損益計算書を完成させなさい。

（会計期間　X1年4月1日～X2年3月31日）

決算整理前残高試算表の一部　　　　（単位：千円）

繰越商品	15,000	売　上	185,000
仮払金	10,000	受取利息	2,000
仕入	110,000	受取家賃	4,800
給料手当	10,000		
支払保険料	8,000		
租税公課	1,136		
売上値引	5,000		
雑費	1,600		
支払利息	2,000		

(1) 仕入勘定からは、仕入値引3,000千円、仕入割戻2,000千円、仕入割引5,000千円が控除されている。

(2) 期末商品棚卸高は20,000千円である。

(3) 費用・収益の見越し、繰延べに関する項目は次のとおりである。

　① 給料は毎月20日締め、25日払いで計算されており、X2年3月21日から31日までの期間に係るものは500千円である。

　② 受取利息の見越し分が1,000千円ある。

　③ 受取家賃は当期においてX2年4月分を受取ったもの300千円が含まれている。

　④ 支払保険料のうち2,400千円は当期12月1日に半年分を支払ったものである。

(4) 租税公課の内訳は次のとおりである。

　① 法人税、住民税及び事業税の更正による追徴税額　　　　276千円

　（事業税に係る外形基準については考慮しないものとする。）

　② 固定資産税　　　　　　　　　　　　　　　　　　　　860千円

(5) 雑費勘定のうちには印紙税30千円が含まれている。

(6) 当期の負担に属する法人税、住民税及び事業税は26,866千円（うち事業税に係る外形基準部分は1,284千円）である。なお、法人税、住民税及び事業税の中間納付額10,000千円（うち事業税に係る外形基準部分は465千円）が仮払金として処理されている。

解答欄

貸借対照表

X2年3月31日現在　　　　　　（単位：千円）

I　流動資産			I　流動負債		
（　　　　）	（　　　　）		（　　　　）	（　　　　）	
（　　　　）	（　　　　）		（　　　　）	（　　　　）	
（　　　　）	（　　　　）		（　　　　）	（　　　　）	

損益計算書

自X1年4月1日

至X2年3月31日　（単位：千円）

I　売　上　高		（　　　　）
II　売上原価		
期首商品棚卸高	（　　　　）	
当期商品仕入高	（　　　　）	
合　　計	（　　　　）	
期末商品棚卸高	（　　　　）	（　　　　）
売上総利益		（　　　　）
III　販売費及び一般管理費		
給料手当	（　　　　）	
支払保険料	（　　　　）	
租税公課	（　　　　）	
雑　費	（　　　　）	（　　　　）
営業利益		（　　　　）

IV　営業外収益		
受取利息	（　　　　）	
受取家賃	（　　　　）	
（　　　　）	（　　　　）	（　　　　）
V　営業外費用		
支払利息	2,000	2,000
経常利益		（　　　　）
VI　特別利益		5,000
VII　特別損失		100
税引前当期純利益		（　　　　）
法人税、住民税及び事業税		（　　　　）
（　　　　　　　　）		（　　　　）
当期純利益		（　　　　）

■問題6　以下の資料に基づき、会社計算規則による貸借対照表を作成しなさい。

〔資料1〕　会計期間　X1年4月1日〜X2年3月31日

〔資料2〕　決算整理前残高試算表の一部

　　　　　受　取　手　形　　　4,171,800千円
　　　　　支　払　手　形　　　2,991,000千円

〔資料3〕

　1．受取手形の内訳は次のとおりである。

　　(1)　有価証券売却の際、受け取ったもの（期日X2年4月15日）　779,900千円

　　(2)　A社から受け取ったもの　919,100千円

　　　　（A社は手形交換所の取引停止処分を受けており、A社に対する債権は1年以内に回収されないことが明らかである。）

　　(3)　商品販売の際、受け取ったもの　2,472,800千円

　　　　なお、貸倒引当金の設定については考慮する必要はない。

　2．支払手形の内訳は次のとおりである。

　　(1)　資金借入の際、振り出したもの（期日X3年7月10日）　700,000千円

　　(2)　建物購入の際、振り出したもの

　　　　（翌期4月より毎月末、期日の到来するもの48枚）　369,600千円

　　(3)　商品購入の際、振り出したもの

　　　　（このうち、1年を超えて期日の到来するもの120,000千円が含まれている。）　1,921,400千円

解答欄

貸　借　対　照　表

X2年3月31日現在　　　　　　　　　（単位：千円）

資　産　の　部			負　債　の　部		
Ⅰ　流　動　資　産			Ⅰ　流　動　負　債		
受　取　手　形	（　　　）		支　払　手　形	（　　　）	
（　　　）	（　　　）	（　　　）	（　　　）	（　　　）	（　　　）
Ⅱ　固　定　資　産			Ⅱ　固　定　負　債		
3　投資その他の資産			（　　　）	（　　　）	（　　　）
（　　　）	（　　　）	（　　　）	（　　　）	（　　　）	（　　　）

重要度A　標準時間3分

■問題7

設問1　以下の資料に基づき、会社計算規則に準拠した貸借対照表及び損益計算書を作成しなさい。また、必要な注記事項もあればその記載も行いなさい。

設問2　以下の資料に基づき、割引いた手形が期中に無事決済された場合の貸借対照表及び損益計算書を作成しなさい。

〔資料1〕　会計期間　X1年4月1日～X2年3月31日

〔資料2〕　決算整理前残高試算表の一部

　　　　受　取　手　形　　10,000千円
　　　　仮　受　金　　　　980千円

〔資料3〕

　残高試算表の仮受金は、期中に手形（額面金額1,000千円）を割引いた際に割引料を差し引いた受取額を計上したものであり、当社はこれ以外に会計処理は行っていない。

　割引時における保証債務の時価は10千円（手形額面の1％）であり、保証債務費用については、手形売却損に含めて表示する。

　なお、期末日現在、割引に付した手形の満期日は到来していない。

解答欄

設問1

貸　借　対　照　表
X2年3月31日現在　　　　（単位：千円）

資　産　の　部		負　債　の　部	
Ⅰ　流　動　資　産		Ⅰ　流　動　負　債	
（　　　　）	（　　　　）	（　　　　）	（　　　　）

損　益　計　算　書
自X1年4月1日
至X2年3月31日　　　（単位：千円）
⋮

Ⅴ　営　業　外　費　用		
（　　　　）		（　　　　）

＜貸借対照表等に関する注記＞

－46－

設問 2

<u>貸　借　対　照　表</u>

X2年 3 月31日現在　　　　　　　　（単位：千円）

Ⅰ　流　動　資　産

（　　　　　）（　　　　　　）

<u>損　益　計　算　書</u>

自X1年 4 月 1 日

至X2年 3 月31日　　　　（単位：千円）

Ⅳ　営　業　外　収　益

（　　　　　）　　　　　　　（　　　　　）

Ⅴ　営　業　外　費　用

（　　　　　）　　　　　　　（　　　　　）

■問題 8　以下の資料に基づき、貸借対照表及び損益計算書を完成させなさい。

　　　　（会計期間：X2年 4 月 1 日～X3年 3 月31日）

＜資料 1 ＞　残高試算表の一部

<table>
<tr><td colspan="4" align="center">残 高 試 算 表</td><td align="right">（単位：千円）</td></tr>
<tr><td>支 払 利 息</td><td align="right">2,073</td><td>借 入 金</td><td align="right">104,000</td></tr>
</table>

＜資料 2 ＞

　　　残高試算表の借入金のうち20,000千円は、X3年 1 月に50,000千円借り入れたものの残高であり、X3年 1 月末より毎月末10,000千円の返済及び利息の支払（金利は年1.2％）を行っている。なお、期中の処理は適正に行われている。

　　　残高試算表の借入金のうち84,000千円は、X1年 9 月に120,000千円借り入れたものの残高である。その返済期限はX6年 8 月31日で、元金返済（均等返済）及び利息の支払はX2年 2 月末を初回とし、毎年 2 月末及び 8 月末の年 2 回、金利は年2.1％である。経過利息の会計処理が未了である。

解 答 欄

貸 借 対 照 表
X3年 3 月31日現在　　　　　　　　　　　　（単位：千円）

		負 債 の 部	
	Ⅰ 流 動 負 債		
	（　　　　　　　）	（　　　　　　　）	
	（　　　　　　　）	（　　　　　　　）	
	Ⅱ 固 定 負 債		
	（　　　　　　　）	（　　　　　　　）	

損 益 計 算 書
自X2年 4 月 1 日　至X3年 3 月31日　　　　（単位：千円）

Ⅴ 営 業 外 費 用
　（　　　　　　　）　　　　　　　　　　　（　　　　　　　）

第2回　棚卸資産

■問題1　次の資料により、損益計算書の一部（売上総利益まで）を作成しなさい。

決算整理前残高試算表の一部　　　　（単位：千円）

繰 越 商 品	43,000	売	上	1,500,000
仕 　 　 入	800,000			

〈商品に関する資料〉

　期末商品の帳簿棚卸高は50,000千円、実地棚卸高は47,000千円であり、帳簿棚卸高と実地棚卸高の差額は原価性のある棚卸減耗である。なお、棚卸減耗損は売上原価の内訳科目として表示すること。

解 答 欄

損 益 計 算 書

自X1年4月1日　至X2年3月31日　　　　　（単位：千円）

Ⅰ〔　　　　　　　〕			（　　　　　）	
Ⅱ 売 上 原 価				
（　　　　　　）	（　　　　　）			
（　　　　　　）	（　　　　　）			
合 　 計	（　　　　　）			
（　　　　　　）	（　　　　　）			
差 　 引	（　　　　　）			
（　　　　　　）	（　　　　　）		（　　　　　）	
売 上 総 利 益			（　　　　　）	

■問題2　以下に掲げる資料をもとに、解答欄の損益計算書（一部）を完成させるとともに貸借対照表に表示される商品の金額を求めなさい。

　　　　なお、会計方針に関する注記事項を所定の箇所に記載しなさい。

(1)　決算整理前残高試算表の一部

売　　　　上　　　712,500千円

営 業 外 収 益　　　　2,540千円

繰 越 商 品　　　　5,500千円

仕　　　　入　　　535,200千円

(2)　期末商品に関する資料

種　類	帳　簿　棚　卸　高		実地棚卸数　量	期末売却時価		見積販売直接経費	
Ａ商品	1,000個	単価　　　　600円	1,000個	単価　　　　550円	単価　　　10円	
Ｂ商品	700個	単価　　　　900円	600個	単価　　　　865円	単価　　　25円	
Ｃ商品	1,800個	単価　　　1,200円	1,500個	単価　　　1,600円	単価　　　200円	

＜備考＞

　1．当社は、商品の評価については、総平均法による原価法（貸借対照表価額は収益性の低下に基づく簿価切下げの方法により算定）を採用している。時価の下落は収益性の低下によるものである。

　2．Ｂ商品の減耗は原価性がある。

　3．Ｃ商品の減耗は商品管理上のミスによるものであり、営業外費用に表示する。

　4．棚卸減耗損のうち、売上原価の内訳科目として表示できるものがあっても売上原価の内訳科目として表示しないこと。

解答欄

損 益 計 算 書

自X1年 4 月 1 日　至X2年 3 月31日　　　　（単位：千円）

Ⅰ 売　　　上　　　高　　　　　　　　　　　　712,500

Ⅱ 売　　上　　原　　価

　　　　期首商品棚卸高　　　（　　　　　　　）

　　　　当期商品仕入高　　　（　　　　　　　）

　　　　　合　　　計　　　　（　　　　　　　）

　　　　期末商品棚卸高　　　（　　　　　　　）

　　　　　差　　　引　　　　（　　　　　　　）

　　　（　　　　　　　）　　（　　　　　　　）　（　　　　　　　）

　　　　売 上 総 利 益　　　　　　　　　　　　（　　　　　　　）

Ⅲ 販売費及び一般管理費

　　　（　　　　　　　）　　（　　　　　　　）　（　　　　　　　）

　　　　営 業 利 益　　　　　　　　　　　　　（　　　　　　　）

Ⅳ 営　業　外　収　益　　　　　　　　　　　　　2,540

Ⅴ 営　業　外　費　用

　　　（　　　　　　　）　　（　　　　　　　）　（　　　　　　　）

　　　　経 常 利 益　　　　　　　　　　　　　（　　　　　　　）

〈重要な会計方針に係る事項に関する注記〉

　1．

商品の貸借対照表価額	千円

■問題3　以下の資料に基づき、解答欄の損益計算書（一部）を完成させなさい。

＜資料＞

(1) 残高試算表の一部

商品　76,200千円　　商品仕入高　900,000千円　　仕入諸掛　84,000千円

売上　1,420,800千円

※　残高試算表の商品は前期末残高である。

(2) 棚卸資産の期末残高の内訳は次のとおりである。

（単位：千円）

	帳簿棚卸高		実地棚卸高		備　　　　考
	数　量	金　額	数　量	金　額	
商品	10,000個	65,600	9,600個	62,976	差異400個2,624千円は、原価性のある棚卸減耗のため、販売費及び一般管理費に表示する。また、仕入諸掛84,000千円は当期の商品仕入に対する引取運賃である。なお、帳簿棚卸高及び実地棚卸高には仕入諸掛の金額が含まれている。

(3) 商品は先入先出法による原価法により評価している。

解 答 欄

損 益 計 算 書

自X1年4月1日　至X2年3月31日　　（単位：千円）

Ⅰ　売　上　高　　　　　　　　　　　　　　　　　　1,420,800

Ⅱ　売　上　原　価

　　　期首商品棚卸高　　　（　　　　　　）

　　　当期商品仕入高　　　（　　　　　　）

　　　　合　　　計　　　　（　　　　　　）

　　　期末商品棚卸高　　　（　　　　　　）　　（　　　　　　）

　　　　売 上 総 利 益　　　　　　　　　　　（　　　　　　）

Ⅲ　販売費及び一般管理費

　　　（　　　　　　）　　（　　　　　　）

■問題4　次の資料により、損益計算書の一部（売上総利益まで）を作成しなさい。

決算整理前残高試算表の一部　　　（単位：千円）

繰　越　商　品	85,000	売	上	2,200,000
仕　　　　　入	1,400,000			
見　本　品　費	11,000			

⑴　期末棚卸資産の状況は次のとおりである。なお、当社は棚卸資産の評価について、先入先出法による原価法（貸借対照表価額は収益性の低下に基づく簿価切下げの方法により算定）を採用している。

種類	帳簿棚卸高		実地棚卸高	
	数　量	単　価	数　量	単　価
商品	10,000個	18,000円	9,800個	18,000円

　（注）1．商品の減耗は原価性がある。また、実地棚卸数量のうち300個は損傷により収益性が低下しており、その正味売却価額は単価15,000円である。

　　　　2．売上原価の内訳として表示できるものは、売上原価の内訳科目として表示すること。

⑵　期中に商品11,000千円を見本品として使用しており、以下の処理を行っている。

（見　本　品　費）　11,000千円　　　（仕　　　　　入）　11,000千円

解答欄

損 益 計 算 書
自X1年4月1日　至X2年3月31日　　　　　　（単位：千円）

Ⅰ〔　　　　　　　　　〕　　　　　　　　　　（　　　　　　　）

Ⅱ〔　　　　　　　　　〕

　　　　期首商品棚卸高　　（　　　　　　）

　　　　当期商品仕入高　　（　　　　　　）

　　　　　合　　　計　　　（　　　　　　）

　　（　　　　　　　　）　（　　　　　　）

　　　　期末商品棚卸高　　（　　　　　　）

　　　　　差　　　引　　　（　　　　　　）

　　（　　　　　　　　）　（　　　　　　）

　　（　　　　　　　　）　（　　　　　　）　　（　　　　　　　）

　　　　売 上 総 利 益　　　　　　　　　　（　　　　　　　）

2
棚卸資産

■**問題 5**　以下の資料に基づき、貸借対照表及び損益計算書を完成させなさい。

＜資料1＞

残高試算表の一部

残　高　試　算　表　　　　（単位：千円）

商　　　　品	58,000	
貯　蔵　品	4,600	
仕　　　　入	150,000	
通　信　費	3,800	
消　耗　品　費	12,000	

＜資料2＞

期末に金庫内に郵便切手100千円（購入時に費用処理済み）が発見された。

＜資料3＞

棚卸資産の期末棚卸の結果は次のとおりである。

（単位：千円）

区　　分	帳簿棚卸高	実地棚卸高	差　　　異	備　　　考
商　　品	60,000	59,000	1,000	下記(3)①②参照
貯蔵品	──	5,000	──	

(1)　残高試算表の商品及び貯蔵品の残高は前期末残高である。

(2)　貯蔵品は、購入時に費用処理（消耗品費）し、期末に実地棚卸に基づく未使用分を原価法により評価している。

　　なお、貯蔵品の実地棚卸高には、＜資料2＞に係るものは含まれていない。

(3)　上記の棚卸資産の備考の内容は次のとおりである。

　①　上記の差異は、すべて見本品として使用するために払い出したものであり、見本品費に振替処理する。

　②　期末の商品の中に陳腐化による長期滞留品があり、収益性が低下しているため、正味売却価額まで5,000千円の評価減をすることにした。

解 答 欄

貸 借 対 照 表　　　　　　（単位：千円）

資 産 の 部	
Ⅰ 流 動 資 産	
（　　　　　　　）（　　　　　）	
（　　　　　　　）（　　　　　）	

損 益 計 算 書　　　　　　（単位：千円）

Ⅰ　売　　上　　高		×××
Ⅱ　売　上　原　価		
期 首 商 品 棚 卸 高	58,000	
当 期 商 品 仕 入 高	（　　　　）	
合　　　計	（　　　　）	
（　　　　　　　）	（　　　　）	
期 末 商 品 棚 卸 高	（　　　　）	
差　　　引	（　　　　）	
（　　　　　　　）	（　　　　）	（　　　　）
売 上 総 利 益		×××
Ⅲ　販売費及び一般管理費		
通　　信　　費	（　　　　）	
消　耗　品　費	（　　　　）	
（　　　　　　　）	（　　　　）	

■問題６　以下の［資料１］及び［資料２］に基づき、売価還元法（売価還元原価法）を採用している場合における損益計算書及び貸借対照表を作成しなさい。なお、棚卸減耗損は、売上原価の内訳項目として表示する。

［資料１］　決算整理前残高試算表（一部）

決算整理前残高試算表　　　（単位：千円）

繰 越 商 品	15,000	売　　　　　上	113,000
仕　　　　　入	85,000		

［資料２］　参考資料

期首商品繰越高（売価）	17,000千円	原始値入額	21,250千円
値上額	6,750千円	値下額	6,000千円
値下取消額	1,000千円	期末商品実地棚卸高（売価）	11,500千円

解 答 欄

損 益 計 算 書　　　（単位：千円）

```
Ⅰ　売　　　上　　　高　　　　　　　　　　　（　　　　　）
Ⅱ　売　　上　　原　　価
　　期 首 商 品 棚 卸 高　　（　　　　　）
　　当 期 商 品 仕 入 高　　（　　　　　）
　　　　合　　　　計　　　　（　　　　　）
　　期 末 商 品 棚 卸 高　　（　　　　　）
　　　　差　　　引　　　　　（　　　　　）
　（　　　　　　　　　）　　（　　　　　）　　（　　　　　）
　　　　売 上 総 利 益　　　　　　　　　　　（　　　　　）
```

貸 借 対 照 表　　　（単位：千円）

```
Ⅰ　流 動 資 産
　（　　　）　（　　　　　）
```

第3回　固定資産

■問題1　次の資料に基づき、損益計算書に記載される減価償却費の金額を求めなさい。

（会計期間：X1年4月1日〜X2年3月31日）

有形固定資産に関する資料は次のとおりである。

種　　類	取　得　原　価	期首減価償却累計額	償　却　方　法	耐用年数
建　　　　物	3,000,000千円	607,500千円	定　　額　　法	40年
車　　　両	50,000千円	20,000千円	定　　率　　法	5年
器　具　備　品	100,000千円	57,812千円	定　　率　　法	8年

（注1）　減価償却費の計算につき、当期に取得した資産は残存価額を考慮しない方法によるものとし、その他については残存価額を取得原価の10%として算定するものとする。

（注2）　建物のうち1,200,000千円はX1年9月16日に購入し、翌月より事業の用に供しているものである。なお、これ以外に当期に取得した資産はない。

（注3）　過去の償却はすべて適正に行われている。

（注4）　減価償却費の償却率表

	5年	8年	40年
定額法	0.200	0.125	0.025
定率法	0.400	0.250	0.050

解答欄

減　価　償　却　費	千円

■問題2　次の資料に基づき解答欄に示す貸借対照表、損益計算書及び個別注記表を作成しなさい。

（会計期間：X1年4月1日～X2年3月31日）

決算整理前残高試算表の一部

X2年3月31日　　　　　　　（単位：千円）

建　　　　物	800,000	支　払　手　形	48,000
車　　　　両	40,000	減価償却累計額	330,000
備　　　　品	150,000	⋮	
建　設　仮　勘　定	57,000	⋮	
備　品　売　却　損　益	2,000		

(1)　有形固定資産の減価償却に関する資料は次のとおりである。

（単位：千円）

	取得原価	減価償却累計額	残存価額	耐用年数又は償却率	償却方法	備　考
建　物	800,000	250,000	1割	40年	定額法	—
車　両	40,000	0	1割	5年	定額法	（注1）
備　品	150,000	80,000	1割	0.250	定率法	（注2）

（注1）　当期11月16日に取得したもので翌日より事業の用に供している。

（注2）　当期9月18日に、備品の一部（取得原価50,000千円、期首減価償却累計額20,000千円）を売却し当社は次の仕訳を行っている。（単位：千円）

（現　金　預　金）　　28,000　（備　　　　　品）　　50,000

（減価償却累計額）　　20,000

（備　品　売　却　損　益）　　2,000

なお、期中売却分の減価償却費の計算は上記の表に準じる。

(2)　建設仮勘定の内訳は次のとおりである。

①　営業所建物増設に伴う建設着手金　48,000千円（X2年3月18日にX2年4月18日期日の手形で支払っており、完成予定はX2年6月である。なお、当該手形は支払手形として処理している。）

②　輸入備品に係る支払額　7,000千円（当該備品の納入はX2年4月予定である。）

③　商品の仕入れに伴う前渡金　2,000千円

解 答 欄

貸 借 対 照 表

X2年3月31日現在　　　　　　　　　（単位：千円）

資 産 の 部			負 債 の 部		
Ⅰ　流 動 資 産			Ⅰ　流 動 負 債		
（　　　　　　）	（　　　　　　）		（　　　　　　）	（　　　　　　）	
Ⅱ　固 定 資 産					
1　有形固定資産					
建　　　　　物	（　　　　　）				
車　　　　　両	（　　　　　）				
備　　　　　品	（　　　　　）				
（　　　　　）	（　　　　　）				

損 益 計 算 書

自X1年4月1日　至X2年3月31日（単位：千円）

⋮

Ⅲ　販売費及び一般管理費

（　　　　　　　　）　　　　　　（　　　　　　　　）

⋮

Ⅵ　特　別　利　益

（　　　　　　　　）　　　　　　（　　　　　　　　）

〈貸借対照表等に関する注記〉

　1．有形固定資産の減価償却累計額　　　　　　　千円

■**問題 3**　次の資料に基づき貸借対照表、損益計算書及び個別注記表を作成しなさい。なお、計算の過程で生じた千円未満の端数は、切り捨てるものとする。

（会計期間：X1年 4 月 1 日〜X2年 3 月31日）

決算整理前残高試算表の一部

X2年 3 月31日　　　　　　　　（単位：千円）

建　　　　　　物	100,000	借　　入　　金	20,000
器　具　備　品	25,000	仮　受　金	26,000
土　　　　　　地	130,000	減 価 償 却 累 計 額	46,937
建　設　仮　勘　定	12,720		

1．有形固定資産に関する資料は次のとおりであり、減価償却計算は未了である。

（単位：千円）

	取得原価	減価償却累計額	残存価額	耐用年数（償却率）	償却方法	備考
建　　物	100,000	36,000	1 割	50年	定額法	(1)
器具備品	25,000	10,937	1 割	0.250	定率法	―
土　　地	130,000	―	―	―	―	(3)

(1)　X1年11月25日に、建物の一部（取得原価40,000千円、期首減価償却累計額14,400千円）が火災により焼失したが、会計処理が未了である。なお、当該建物には保険が付されており、X2年 1 月20日に保険金26,000千円を受け取ったが、仮受金として処理している。

(2)　決算整理前残高試算表の建設仮勘定は、商品用倉庫の新設工事に係るものであり、X2年 2 月に完成引渡しの後、同月より事業の用に供している。また、商品用倉庫の新設工事とあわせて事務所の改修工事も行われており、これに係る支払額1,320千円が工事代金に含まれている。なお、事務所の改修工事に係る支出は、資本的支出とは認められなかった。商品用倉庫の減価償却費の計算は、定額法（耐用年数38年、残存価額ゼロ）により行う。

(3)　土地のうち15,000千円が、借入金20,000千円の担保に供されている。

2．決算整理前残高試算表の借入金は、X3年 5 月31日一括返済の契約で借り入れたものである。

解 答 欄

貸 借 対 照 表

X2年3月31日現在　　　　　　　　　　　（単位：千円）

Ⅱ 固 定 資 産		Ⅱ 固 定 負 債			
1 有 形 固 定 資 産		（　　　　　　　）	（　　　　　　　）		
建　　　　物	（　　　　　）				
器 具 備 品	（　　　　　）				
土　　　　地	（　　　　　）				

損 益 計 算 書

自X1年4月1日　至X2年3月31日　　　　（単位：千円）

Ⅲ 販売費及び一般管理費			
減 価 償 却 費		（　　　　　）	
（　　　　　　　）		（　　　　　）	
Ⅵ 特 別 利 益			
（　　　　　　　）		（　　　　　）	

〈貸借対照表等に関する注記〉
　1．有形固定資産の減価償却累計額　　　　　　　千円
　2．

3 固定資産

■問題4　下記の資料に基づき、貸借対照表に記載される商標権の金額及び損益計算書に記載される商標権償却の金額を算定しなさい。なお、会計方針に関する注記を所定の箇所に記載しなさい。

（会計期間：X4年4月1日〜X5年3月31日）

決算整理前残高試算表の一部

	X5年3月31日	（単位：千円）
商　標　権	35,000	

　商標権は、前々期8月20日に取得したものであり、償却年数10年で定額法により償却する。なお、過去の償却は適正に行われている。

解答欄

商　標　権	千円

商　標　権　償　却	千円

〈重要な会計方針に係る事項に関する注記〉
　固定資産の減価償却方法

■**問題5**　次の資料に基づき、貸借対照表、損益計算書及び個別注記表の一部を作成しなさい。

なお、減損処理の貸借対照表上の表示は、直接控除形式（減価償却累計額については科目別控除及び科目別注記）とする。また、当期の減価償却計算は適正に処理済みである。

＜資料＞

機械装置（取得価額600,000千円、帳簿価額489,300千円）について、当期末に減損の兆候がみられたため、将来キャッシュ・フローを予測したところ次のように見積もられた。

（単位：千円）

	1年後	2年後	3年後	4年後	合計
割引前	61,500	60,000	51,000	49,500	222,000
割引後の現在価値	59,709	56,556	46,672	43,980	206,917

なお、期末時点の機械装置の時価は208,000千円であり、処分費用見込額は1,500千円と見積もられる。

解 答 欄

貸借対照表　　（単位：千円）　　　　　損益計算書　（単位：千円）

〔直接控除形式（科目別控除）〕　　　　　特別損失

　有形固定資産　　　　　　　　　　　　　減 損 損 失　　（　　　　　）

　機 械 装 置　　（　　　　　）

　　減価償却累計額（△　　　　　）（　　　　　）

〔直接控除形式（科目別注記）〕

　有形固定資産　　　　　　　　　　〔個別注記表〕

　機 械 装 置　　（　　　　　）　　〈貸借対照表等に関する注記〉

　　　　　　　　　　　　　　　　　　機械装置の減価償却累計額

　　　　　　　　　　　　　　　　　　＿＿＿＿千円

■問題6　次の資料に基づき、貸借対照表及び損益計算書の一部を作成しなさい。

＜資料＞

　　当社は所有するＡ資産グループ及びＢ資産グループについて当期末に減損の兆候がみられたため、割引前将来キャッシュ・フローを見積もった。なお、減損損失を計上する場合には、各資産の帳簿価額に基づいて減損損失を比例配分することとし、減損処理後の貸借対照表の表示は直接控除方式とする。また、当期の減価償却計算は適正に処理済みである。

（単位：千円）

		建　物	器具備品	土　地	合　計
Ａ資産グループ	取得価額	2,000,000	500,000	1,000,000	3,500,000
	減価償却累計額	800,000	200,000	——	1,000,000
	割引前将来C/F	——	——	——	1,300,000
	回収可能価額	——	——	——	1,100,000
Ｂ資産グループ	取得価額	1,000,000	400,000	600,000	2,000,000
	減価償却累計額	800,000	240,735	——	1,040,735
	割引前将来C/F	——	——	——	1,000,000
	回収可能価額	——	——	——	980,000

解 答 欄

貸借対照表　　（単位：千円）

有形固定資産
建　　物　　　（　　　　　）
　減価償却累計額（△　　　　）（　　　　　）
器具備品　　　（　　　　　）
　減価償却累計額（△　　　　）（　　　　　）
土　　地　　　（　　　　　）

損益計算書　　（単位：千円）

特別損失
減損損失　　　　（　　　　　）

■**問題7**　次の資料に基づき、貸借対照表及び損益計算書を作成しなさい。

（会計期間：X1年4月1日～X2年3月31日）

＜資料＞

当社は乙商品事業部に係る固定資産をひとつの資産グループとしているが、乙商品事業部は経営環境が著しく悪化しており、減損の兆候が認められた。

① 乙商品事業部に係る固定資産の内訳は次のとおりである。

土　　　　　地	30,000千円
建　　　　　物	28,000千円（取得価額50,000千円、期末減価償却累計額22,000千円）
工具器具備品	6,000千円（取得価額7,100千円、期末減価償却累計額1,100千円）

② 主要な資産の経済的残存使用年数は16年であり、将来キャッシュ・フローは次のように見積もっている。

X3年3月期からX18年3月期まで：各年度3,000千円

X18年3月期末における正味売却価額：6,000千円（処分費用見込額控除後）

③ 割引率は4％とし、期間16年の年金現価係数は11.652、現価係数は0.534とする。

④ 現時点での正味売却価額（処分費用見込額控除後）は38,400千円である。

⑤ 減損処理を行う場合、認識された減損損失は、当期末の帳簿価額に基づく比例配分により各資産に配分すること。

⑥ 減損処理後の貸借対照表の表示は、減損処理前の取得価額から減損損失を直接控除し、控除後の金額をその後の取得価額とする（直接控除方式）。

⑦ 有形固定資産の貸借対照表の表示は、減価償却累計額を控除した残額のみを記載する方法とする。

解 答 欄

貸　借　対　照　表

X2年3月31日現在　　　　　　　　（単位：千円）

Ⅱ　固　定　資　産

　1　有形固定資産

　　（　　　　　　　　）　（　　　　　　　）

　　（　　　　　　　　）　（　　　　　　　）

　　（　　　　　　　　）　（　　　　　　　）

損　益　計　算　書

自X1年4月1日

至X2年3月31日　　　（単位：千円）

⋮

　　　　Ⅶ　特　別　損　失

　　　　　　（　　　　　　　）　　　　（　　　　　　　）

■問題8　次の資料に基づき、リース取引に係る当会計年度の財務諸表及び解答欄に示す注記事項を完成させなさい。

（会計期間：X1年4月1日～X2年3月31日）

＜資料1＞　リース契約の内容

当社は当期首において次に掲げるリース契約（所有権移転外ファイナンス・リースに該当）を締結し、同日よりリース物件の使用を開始した。

・解約不能なリース期間　5年
・リース物件（器具備品）の資産計上価額　10,000千円
・リース物件の経済的耐用年数　8年
・リース料　年額　2,400千円（支払は毎年3月31日の後払い）
　　　　　　リース料総額　12,000千円

＜資料2＞　その他の資料

・減価償却方法　定額法
・利息相当額の算定方法　リース料総額とリース資産計上価額との差額を利息相当額とし、各期への配分方法については、利息法によること。

支払リース料の内訳

（単位：千円）

支　払　日	X2年3月31日	X3年3月31日	X4年3月31日	合　計
元 本 相 当 額	1,760	1,873	1,993	10,000
支払利息相当額	640	527	407	2,000

解答欄

貸借対照表　　　　　　　　　　　　（単位：千円）

II　固定資産			I　流動負債		
1　有形固定資産			（　　　　　　）		（　　　　　）
（　　　　　）	（　　　　　）		II　固定負債		
減価償却累計額	（△　　　　）	（　　　　）	（　　　　　　）		（　　　　　）

損　益　計　算　書　　　　　　　　（単位：千円）

III　販売費及び一般管理費

　　減　価　償　却　費　　　　　（　　　　）

V　営　業　外　費　用

　　（　　　　　　　　）　　　　（　　　　）

<重要な会計方針に係る事項に関する注記>

　1．固定資産の減価償却方法

3
固定資産

■問題 9　次の資料に基づき、貸借対照表及び損益計算書を作成しなさい。

　　　（会計期間：X1年 4 月 1 日〜X2年 3 月31日）

<資料>

　　当社は当期首において器具備品につきリース契約を締結し、同日より事業の用に供している。当該リース取引の内容は次のとおりである。

(1)　解約不能のリース期間： 6 年

(2)　当該器具備品の経済的耐用年数： 8 年

(3)　リース料は年額5,000千円（総額30,000千円）である。リース料の支払は、X2年 3 月31日を第 1 回とし、X7年 3 月31日を最終回とする毎年 3 月31日払である。

(4)　所有権移転条項及び割安購入選択権は共になく、リース物件は特別仕様ではない。

(5)　貸手の計算利子率は知り得ず、当社の追加借入に適用されると合理的に見積られる利率は 4 ％である。 4 ％で 6 年の年金現価係数は5.242とする。

(6)　当社における当該器具備品の見積現金購入価額は27,000千円である。

(7)　リース資産及びリース債務の計上額を算定するに当たっては、原則法（リース料総額からこれに含まれている利息相当額の合理的な見積額を控除する方法）によることとし、当該利息相当額についてはリース期間にわたり利息法により配分することとする。

(8)　減価償却はリース期間を耐用年数とし、残存価額をゼロとする定額法によって行う。

(9)　計算の過程で生じた千円未満の端数は、百円の位で四捨五入するものとする。

解 答 欄

貸　借　対　照　表　　　　　（単位：千円）

Ⅱ　固定資産			Ⅰ　流動負債		
1　有形固定資産			（　　　　　）		（　　　　　）
（　　　　　）	（　　　　　）		Ⅱ　固定負債		
減価償却累計額	（△　　　　）	（　　　　　）	（　　　　　）		（　　　　　）

損　益　計　算　書　　　　　（単位：千円）

Ⅲ　販売費及び一般管理費

　　　減　価　償　却　費　　　　　（　　　　　）

Ⅴ　営　業　外　費　用

　　　（　　　　　　　）　　　　　（　　　　　）

■**問題10**　次の資料に基づき、リース取引に係る貸借対照表及び損益計算書を作成しなさい。

<資料>

　　当社は、事業所の合理化に伴い、期中12月1日に電子計算機をリース契約により導入した。この
リース契約のリース期間は3年である。また、リース料は月額1,000千円であり、半年ごとに6ヶ
月分を後払いする契約になっている。なお、このリース契約はオペレーティング・リースに該当す
る。（会計期間：X1年4月1日〜X2年3月31日）

解 答 欄

貸　借　対　照　表　　　　　　（単位：千円）

Ⅰ　流動負債		
（　　　　　　）		（　　　　）

損　益　計　算　書　　　　　　（単位：千円）

販売費及び一般管理費

（　　　　　　）		（　　　　）

3　固定資産

■問題11　次の資料に基づき、貸借対照表及び損益計算書を作成しなさい。

（会計期間：X1年 4 月 1 日〜X2年 3 月31日）

＜資料＞

(1)　当社は期首に建物100,000千円を取得し、使用を開始している。当該建物は、使用後に除去する法的義務があり、当該建物の除去を行う際の支出は4,000千円と見積られるが、当社は当該建物取得時に購入価額により処理を行ったのみである。なお、取得時における資産除去債務の割引現在価値を求める際の割引率は 2 ％であり、 2 ％で40年の現価係数は0.453である。

(2)　減価償却費の計算は定額法、耐用年数40年（0.025）、残存価額はゼロとする。なお、資産除去債務の調整は割引率 2 ％により行う。また、計算の過程で生じた千円未満の端数は、百円の位で四捨五入すること。

解 答 欄

貸 借 対 照 表　　　　　　　　（単位：千円）

Ⅱ　固定資産			Ⅱ　固定負債		
1　有形固定資産			（　　　　）		（　　　　　）
（　　　　）	（　　　　）				
減価償却累計額	（△　　　）	（　　　　）			

損 益 計 算 書　　　　　　　　（単位：千円）

Ⅲ　販売費及び一般管理費	
減 価 償 却 費	（　　　）
（　　　　　）	（　　　）

■**問題12**　次の資料に基づき、貸借対照表及び損益計算書の表示区分、表示科目及び金額を示しなさい。（会計期間：X1年4月1日～X2年3月31日）

＜資料＞

残高試算表の一部

建物　100,000千円　　減価償却累計額　16,400千円　　減価償却費　1,820千円

当社は建物の賃貸借契約を締結している。当該賃貸建物等に係る有形固定資産（内部造作等）の除去などの原状回復が賃貸借契約において要求されている。

賃貸借契約締結日はX1年4月1日であり、支払った保証金のうち原状回復費用の見積額9,300千円は返還が見込めない可能性が高い。当該賃借建物の内部造作物については、耐用年数15年、残存価額0円の定額法で減価償却を行うが、資産除去債務に関する会計処理が未了である。なお、資産除去債務の算定に際して用いられる割引率は3.0%とし、$(1.03)^{15} \fallingdotseq 1.55$とする。

解答欄

＜貸借対照表＞

（単位：千円）

表　示　区　分	表　示　科　目	金　　　額
有　形　固　定　資　産	建　　　　　　　　物	
有　形　固　定　資　産	減　価　償　却　累　計　額	△
固　　定　　負　　債		

＜損益計算書＞

（単位：千円）

表　示　区　分	表　示　科　目	金　　　額
販売費及び一般管理費	減　価　償　却　費	

■**問題13**　以下の設問における貸借対照表、損益計算書及び注記事項を作成しなさい。

【設問 1 】

　　当期中に国庫補助金300,000千円を取得し、これに300,000千円を加えて建物を当期 2 月 2 日に購入し同日より事業の用に供した。この建物につき直接減額方式により圧縮記帳を行う（会計期間は、X1年 4 月 1 日〜X2年 3 月31日である。）。なお、減価償却は、法定耐用年数経過時点における残存価額がゼロとなるように、法定耐用年数（50年）にわたって均等に償却する定額法により行っている。

【設問 2 】

⑴　火災によりX1年 9 月25日に次の建物が全焼した。これについては火災保険契約が付してある。

　　　　　　取得原価　1,000,000千円　期首減価償却累計額　280,000千円

　　　　　　償却方法　定額法　残存価額　 1 割　耐用年数　45年

⑵　焼失建物にかかる保険金1,200,000千円を取得した。

⑶　上記⑵の保険金に自己資金649,000千円を追加し、新建物1,849,000千円を現金にて購入し、X2年 1 月10日より事業の用に供している。

⑷　新建物について保険差益相当額を直接減額方式により圧縮記帳を行う。なお、減価償却は、残存価額を考慮しない方法によること以外は従前の方法と同様とする。

　　〔会計期間　X1年 4 月 1 日〜X2年 3 月31日〕

解 答 欄

【設問1】

貸 借 対 照 表　　　　　（単位：千円）　　　損 益 計 算 書　　　　（単位：千円）

資 産 の 部　　　　　　　　　　　　　　Ⅲ　販売費及び一般管理費

有 形 固 定 資 産　　　　　　　　　　　　　減価償却費　　　　（　　　　）

建　　　　物　（　　　　）

減価償却累計額　（△　　　　）（　　　　）　Ⅵ〔　　　　　　　〕

　　　　　　：　　　　　　　：　　　　　　　　　　（　　　　）（　　　　）

＜注記事項＞　　　　　　　　　　　　　　Ⅶ〔　　　　　　　〕

（貸借対照表等に関する注記）　　　　　　　　　（　　　　）（　　　　）

【設問2】

貸 借 対 照 表　　　　　（単位：千円）　　　損 益 計 算 書　　　　（単位：千円）

資 産 の 部　　　　　　　　　　　　　　Ⅲ　販売費及び一般管理費

有 形 固 定 資 産　　　　　　　　　　　　　減価償却費　　　　（　　　　）

建　　　　物　（　　　　）

減価償却累計額　（△　　　　）（　　　　）　Ⅵ〔　　　　　　　〕

　　　　　　：　　　　　　　：　　　　　　　　　　（　　　　）（　　　　）

＜注記事項＞　　　　　　　　　　　　　　Ⅶ〔　　　　　　　〕

（貸借対照表等に関する注記）　　　　　　　　　（　　　　）（　　　　）

■**問題14**　以下の資料に基づき、解答欄に示す貸借対照表及び損益計算書を作成しなさい。

　　　（会計期間：X1年 4 月 1 日〜X2年 3 月31日）

＜資料 1 ＞　決算整理前残高試算表の一部（単位：千円）

　　　　仮　　受　　金 100,000　　　建　　　　　物 200,000　　　繰延税金資産　8,750

＜資料 2 ＞　決算整理事項等

1 ．国庫補助金に関する事項

　　X1年12月25日に建物の取得を目的として国から100,000千円の補助金の交付を受けたが、仮受金として計上したのみである。

2 ．固定資産に関する事項

　　建物は、X1年12月25日に交付を受けた国庫補助金100,000千円に、自己資金100,000千円を加えて取得したものであり、X2年 1 月10日より事業の用に供している。この建物については、当該国庫補助金の交付目的に適合した資産であるため、当期の決算において積立金方式により圧縮記帳を行うものとする。なお、減価償却は、法定耐用年数経過時点における残存価額がゼロとなるように、法定耐用年数（50年）にわたって均等に償却する定額法により行っている。また、税務上の償却限度額は500千円である。

3 ．税効果会計に関する事項

　　前期末及び当期末の一時差異は 2 .固定資産に関する事項を除き、次のとおりである。

　　将来減算一時差異

　　　その他　　前期末：25,000千円、当期末：10,000千円

⑴　法定実効税率は前期末、当期末のいずれも35％として計算する。

⑵　繰延税金資産の回収可能性に問題はないものとする。

貸 借 対 照 表

X2年3月31日現在　　　　（単位：千円）

資 産 の 部	負 債 の 部
Ⅱ 固 定 資 産	Ⅱ 固 定 負 債
1 有形固定資産	（　　　　　）（　　　　）
建　　　物（　　　）	純 資 産 の 部
減価償却累計額（△　　　）	Ⅰ 株 主 資 本
	⋮
	3 利 益 剰 余 金
	(2) その他利益剰余金
	建物圧縮積立金（　　　）

損 益 計 算 書

自X1年4月1日

至X2年3月31日　　　（単位：千円）

⋮

Ⅲ 販売費及び一般管理費

　減 価 償 却 費　　　　　　（　　　　　）

⋮

Ⅵ 特 別 利 益

　（　　　　　）　　　　　　（　　　　　）

⋮

　法人税等調整額　　　　　　（　　　　　）

重要度 B　標準時間 3 分

■問題15　次の資料に基づき、貸借対照表及び損益計算書の金額を示しなさい。

また、会計上の変更の注記について空欄に入る適切な用語又は金額を答えなさい。

<資料>

当期首において保有する器具備品の耐用年数を新たな情報に基づき、10年から 8 年に見直した。当該器具備品についてはX1年 4 月 1 日に10,000千円で取得したものであり、当社は残存価額をゼロとして定額法で減価償却している。（会計期間：X4年 4 月 1 日～X5年 3 月31日）

解答欄

<貸借対照表>

（単位：千円）

表　示　区　分	表　示　科　目	金　　額
有　形　固　定　資　産	器　具　備　品	
有　形　固　定　資　産	減　価　償　却　累　計　額	△

<損益計算書>

（単位：千円）

表　示　区　分	表　示　科　目	金　　額
販売費及び一般管理費	減　価　償　却　費	

（会計上の見積りの変更）

当社が保有する器具備品は、従来、耐用年数を（　　　　　）として減価償却を行ってきたが、当期において耐用年数を（　　　　　）に見直し将来にわたり変更している。

この変更により、従来の方法と比べて、当期の減価償却費が（　　　　　）増加し、税引前当期純利益が同額（　　　　　）している。

■**問題16**　次の設問につき、減価償却費の金額を示しなさい。なお、千円未満の端数が生じた場合は、切り捨てるものとする。

【設問1】

＜資料1＞

決算整理前残高試算表　　　　（単位：千円）

器　具　備　品	900,000	減価償却累計額	162,000

＜資料2＞

　器具備品は前期まで定額法、耐用年数10年により減価償却を行ってきたが、当期から定率法に変更する。2年間償却済であるが、過年度の償却は適正と認められる。

　なお、定率法の償却率は従来の耐用年数に基づいた0.206を用いるものとする。

【設問2】

＜資料1＞

決算整理前残高試算表　　　　（単位：千円）

機　械　装　置	3,000,000	減価償却累計額	1,498,301

＜資料2＞

　1．機械装置は前期まで定率法、耐用年数10年により減価償却を行ってきたが、当期から定額法に変更する。3年間償却済であるが、過年度の償却は適正と認められる。

　2．従来の耐用年数　10年

　　　耐用年数のうち経過年数を考慮した残存耐用年数　7年

　　　残存価額　取得原価の1割

解 答 欄

【設問1】　|　　　　　　　千円　|

【設問2】　|　　　　　　　千円　|

第4回　引当金

重要度A　標準時間4分

■**問題1**　以下の資料に基づき損益計算書（一部）を完成させなさい。

（会計期間：X1年4月1日～X2年3月31日）

決算整理前残高試算表の一部

X2年3月31日　　　　　　　　　　（単位：千円）

受　取　手　形	2,930,000	貸 倒 引 当 金		60,000
売　　掛　　金	1,400,000	退 職 給 付 引 当 金		560,000
………				
貸　倒　損　失	64,000			

（決算整理事項）

1．貸倒引当金を受取手形及び売掛金（一般債権に該当する。）の貸倒損失に備えるため、期末残高に対し、過去の貸倒実績率に基づき2％計上する（繰入額と戻入額は相殺して計上する方法による。）。

2．貸倒損失の内訳は、前期発生売掛金に対するもの54,000千円、当期発生受取手形に対するもの10,000千円である。

3．賞与引当金は、従業員に対して支給する賞与の支出に充てるため、支給見込額に基づき計上している。なお、X1年12月1日～X2年5月31日までの期間の賞与支給見込額は109,500千円である。

4．当期の退職給付費用として62,000千円計上する。なお、退職給付引当金は、従業員の退職給付に備えるため、当期末における退職給付債務の見込額に基づき計上している。

5．当社は得意先A社の銀行借入の債務保証を行っているが、翌期において当社が債務を履行する可能性が高まったため、債務保証損失引当金を36,000千円計上する。なお、債務保証損失引当金は、債務保証に係る損失に備えるため、A社の財政状態等を勘案し、損失負担見込額を計上している。

損 益 計 算 書

自X1年 4 月 1 日
至X2年 3 月31日 　　　（単位：千円）

⋮

Ⅲ　販売費及び一般管理費

（　　　　　　　　）（　　　　　　　）

（　　　　　　　　）（　　　　　　　）

（　　　　　　　　）（　　　　　　　）

（　　　　　　　　）（　　　　　　　）

⋮

Ⅶ　特 別 損 失

（　　　　　　　　）（　　　　　　　）

4
引
当
金

■問題2　次の資料により、貸倒引当金を設定した場合の貸借対照表について①一括控除方式②一括注
記方式により作成しなさい。また、損益計算書の表示区分、表示科目及び金額を示しなさい。

<資料1>

決算整理前残高試算表の一部　　　　（単位：千円）

受　取　手　形	14,400	貸　倒　引　当　金　　500
売　　掛　　金	27,600	

<資料2>

1．受取手形及び売掛金の期末残高に対して、過去の貸倒実績率に基づき受取手形及び売掛金の期
末残高の1％相当額の貸倒引当金を計上する。なお、戻入額があれば営業外収益に計上するもの
とする。

2．決算整理前残高試算表の貸倒引当金は前期末残高であり、受取手形及び売掛金に対して500千
円設定している。なお、この債権が当期中に貸倒れた事実はない。

解 答 欄

<貸借対照表>

①　一括控除方式

貸 借 対 照 表　（単位：千円）

```
Ⅰ　流 動 資 産
        受　取　手　形　（　　　　　）
        売　　掛　　金　（　　　　　）
        貸 倒 引 当 金　（△　　　　）
```

②　一括注記方式

貸 借 対 照 表　（単位：千円）

```
Ⅰ　流 動 資 産
        受　取　手　形　（　　　　　）
        売　　掛　　金　（　　　　　）
```

<貸借対照表等に関する注記>

1．

<損益計算書>　　　　　　　　　　　　　　　　　（単位：千円）

表 示 区 分	表 示 科 目	金　　額

■問題3　以下の資料により貸借対照表及び損益計算書を完成させ、重要な会計方針に係る事項に関する注記を記載しなさい。

残高試算表の一部　　　　　（単位：千円）

| 受　取　手　形 | 350,000 | 貸　倒　引　当　金 | 3,000 |
| 売　　掛　　金 | 250,000 | 預　　　り　　　金 | 50,000 |

1．貸倒引当金を受取手形及び売掛金の貸倒損失に備えるため、一般債権については、過去の貸倒実績率に基づき1％設定する。なお、繰入額と戻入額は相殺した差額で表示する方法による。また、残高試算表の貸倒引当金は前期末に一般債権に対して計上したものの残額である。

2．残高試算表の受取手形150,000千円、売掛金100,000千円及び預り金（長期の営業保証金）50,000千円は得意先A社に対するものであるが、A社は当期において業績が悪化しており、A社に対する債権は貸倒懸念債権と判断する。A社の財政状態及び経営成績を考慮した結果、同社に対する債権金額から営業保証金を控除した残額の60％が回収不能と判断されたので、同額を貸倒引当金として計上する。

解 答 欄

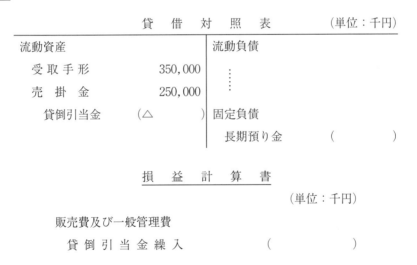

貸　借　対　照　表　　　　　（単位：千円）

流動資産		流動負債	
受 取 手 形	350,000	………	
売　掛　金	250,000		
貸倒引当金	（△　　　　）	固定負債	
		長期預り金	（　　　　　）

損　益　計　算　書
（単位：千円）

販売費及び一般管理費
　　貸 倒 引 当 金 繰 入　　　　　（　　　　　　　）

（注記事項）

＜重要な会計方針に係る事項に関する注記＞

　1．引当金の計上基準

　　　貸倒引当金…

4
引
当
金

■問題4　下記の資料により貸借対照表及び損益計算書を作成しなさい。

＜資料1＞

決算整理前残高試算表の一部　　　（単位：千円）

| 受 取 手 形 | 115,000 | 貸 倒 引 当 金 | 5,000 |
| 売 掛 金 | 211,000 | 長 期 預 り 金 | 5,000 |

＜資料2＞　その他の資料

1．A株式会社から回収した受取手形15,000千円は、当期に入ってから資金繰りの悪化から、同社の要請により支払期日が再三延期されている手形であり、貸倒れが懸念されるため営業取引の保証金として現金を5,000千円差し入れさせている（長期預り金として処理している。）。また、A株式会社に対する売掛金が4,500千円ある。

2．B株式会社の業績は順調であったが、当期になって同社の取引先が手形の不渡りを受けた影響により資金繰りが急速に悪化したため、事業を継続することを断念し、破産申立てをした。当社は、同社に対する売掛金6,500千円を債権総額として破産管財人に債権の届出をしているが、債権者集会に出席した結果では配当による回収はほとんど見込めない。

3．貸倒引当金について、一般債権は、過去の貸倒実績率に基づき算定することとし、受取手形及び売掛金の期末残高の2％を引き当てる。貸倒懸念債権は、債権総額から担保の処分見込額を控除した残額の50％を引き当てる。また、破産更生債権等は、債権総額から担保の処分見込額を控除した残額を引き当てる。なお、繰入れは差額補充法によるものとし、破産更生債権等に対する繰入額は特別損失に計上する。

4．残高試算表の貸倒引当金残高は、受取手形及び売掛金に対する前期末残高である。

解 答 欄

貸 借 対 照 表　　　　(単位：千円)

流動資産			流動負債	
受取手形	(　　　)		⋮	
売 掛 金	(　　　)			
貸倒引当金	(△ 　　)		固定負債	
			長期預り金	5,000
固定資産				
⋮				
投資その他の資産				
(　　　　　)	(　　　)			
貸倒引当金	(△ 　　)			

損 益 計 算 書

(単位：千円)

販売費及び一般管理費

　　貸 倒 引 当 金 繰 入　　　　(　　　　　)

　　　　　⋮　　　　　　　　　　　　⋮

　特 別 損 失

　　貸 倒 引 当 金 繰 入　　　　(　　　　　)

4 引当金

■問題５　下記の資料に基づき、貸借対照表及び損益計算書を作成しなさい。

＜資料１＞　決算整理前残高試算表の一部

　　　　　貸付金　50,000千円

＜資料２＞　その他の資料

　１．貸付金50,000千円はＢ社に対するもの（X1年４月１日貸付、返済期日X4年３月31日、当初約定利子率年４％、利払日毎年３月31日後払）であるが、Ｂ社の財政状態が悪化したことから当該貸付金につき、X3年３月31日以後の利息の支払いについて当初約定利子率年４％を年１％に引き下げることとした。なお、元本の返済は条件どおり行われる予定である。当社は当該債権を貸倒懸念債権と判断し、債権の元本及び利息について当初の約定利子率で割り引いた現在価値の総額と債権の帳簿価額との差額を貸倒引当金として計上する。

　　　　計算の過程で生じた千円未満の端数は、百円の位で四捨五入する。

　２．上記貸付金について、当期末に利息の適正額を受け取っているが、処理が行われていないため適正な処理を行うこと。

　３．会計期間はX1年４月１日からX2年３月31日である。

解答欄

貸借対照表　（単位：千円）

Ⅱ　固定資産

　３　投資その他の資産

　　（　　　　　）　（　　　　　）

　　　貸倒引当金　（△　　　　）

損益計算書　（単位：千円）

Ⅳ　営業外収益

　　（　　　　　）　（　　　　　）

Ⅴ　営業外費用

　　（　　　　　）　（　　　　　）

■**問題6**　次の資料に基づき、貸借対照表及び損益計算書を作成しなさい。また、貸借対照表等に関する注記を記載しなさい。

（会計期間：X1年 4 月 1 日〜X2年 3 月31日）

＜資料 1 ＞

決算整理前残高試算表の一部　　　　（単位：千円）

受 取 手 形	30,000	割 引 手 形	1,960
売 掛 金	64,800	貸 倒 引 当 金	200
貸 付 金	19,000		

＜資料 2 ＞　決算整理事項等

1．受取手形のうち7,000千円はA社に対するものである。A社は深刻な経営難にあり再建の見通しがなく、この債権の回収には長期間を要する見込みである。

　　また、当期中に手形2,000千円（額面金額）を銀行にて割り引いた。その際当社は、割引料を差し引いた入金額で以下の処理をしているのみである。なお、当該手形は、A社以外が振り出したものであり、期末現在未決済である。

　　（現 金 預 金）　1,960千円　　（割 引 手 形）　1,960千円

　　なお、割引時における保証債務の時価は20千円（手形額面の 1 ％）であり、この金額については、手形売却損に含めることとする。

2．売掛金のうち9,500千円はA社に対するものである。また、売掛金のうち10,000千円は同額の電子記録債権を発生させているが、未処理である（A社に対するものは含まれていない。）。

3．貸付金は、短期のもの7,600千円、長期のもの11,400千円である。

4．貸倒引当金は、一般債権については、過去の貸倒実績率に基づき受取手形、電子記録債権、売掛金及び貸付金の期末残高の 1 ％を繰り入れる。なお、繰入額と戻入額は相殺した差額で表示し、繰入額は全額販売費及び一般管理費に表示する。また、破産更生債権等は、債権総額から担保の処分見込額（7,500千円）を控除した残額を設定するものとし、破産更生債権等に対する貸倒引当金繰入の表示箇所は、特別損失とすること。

　　残高試算表上の貸倒引当金は、前期末において一般債権に対して設定したものである。

4
引
当
金

貸 借 対 照 表

X2年 3 月31日現在 　　　　　（単位：千円）

資 産 の 部			負 債 の 部		
Ⅰ 流 動 資 産			Ⅰ 流 動 負 債		
（　　　　　）	（　　　　　）		（　　　　　）	（　　　　　）	
（　　　　　）	（　　　　　）				
（　　　　　）	（　　　　　）				
（　　　　　）	（　　　　　）				
貸 倒 引 当 金	（△　　　　）				
Ⅱ 固 定 資 産					
3 投資その他の資産					
（　　　　　）	（　　　　　）				
（　　　　　）	（　　　　　）				
貸 倒 引 当 金	（△　　　　）				

損 益 計 算 書

自X1年 4 月 1 日
至X2年 3 月31日　　　（単位：千円）

⋮

Ⅲ　販売費及び一般管理費

（　　　　　）　　　　　（　　　　　）

⋮

Ⅴ　営 業 外 費 用

（　　　　　）　　　　　（　　　　　）

⋮

Ⅶ　特 別 損 失

（　　　　　）　　　　　（　　　　　）

＜貸借対照表等に関する注記＞

1.

■問題7　次の資料により貸借対照表及び損益計算書を作成しなさい。

　　　（会計期間：X2年4月1日～X3年3月31日）

＜資料1＞

　　　残高試算表の一部

　　　受取手形　60,000千円　　　売掛金　138,000千円　　　土地　350,000千円

　　　破産更生債権等　20,000千円　　　貸倒引当金　6,200千円

＜資料2＞

　1(1)　得意先A社は前期に実質的に経営破綻に陥り、前期決算において債権額20,000千円を破産更生債権等として計上している。当期に債務者の清算結了に伴い当社の債権額20,000千円から代物弁済を受けた土地15,000千円（時価）を控除して貸倒処理するが、代物弁済と貸倒処理に係る会計処理が未済である。なお、前期末における担保（土地）の処分見込額も同額であり、貸倒引当金の計上をしている。

　　(2)　売掛金のうち、18,000千円は当期に発生した得意先B社に対するものである。B社はX2年9月に民事再生法の申請をし、X3年3月に再生計画が決定され、債権の90％は切り捨てられ、残り10％については、X3年4月1日より毎年1回5年間で均等返済されることになったが、再生計画決定に伴う会計処理は未済である。

　　　　なお、再生計画が決定されたとはいえ、同社の再建は不透明であり、貸倒引当金の計上に当たっては、破産更生債権等に区分する。

　　　　また、今後の分割返済額については決算期以後1年以内に返済期限が到来するものについても、その全額を投資その他の資産に計上するものとする。

　2　受取手形、売掛金の期末残高に対して貸倒引当金を設定するが、一般債権、破産更生債権等に区分して算定する。一般債権については、過去の貸倒実績率に基づき2％を引当計上する。破産更生債権等については、債権総額から担保等処分見込額を控除した残額を引当計上し、繰入額の表示箇所は、特別損失とする。

4 引当金

貸 借 対 照 表

X3年 3 月31日現在　　　　　　　　　（単位：千円）

Ⅰ　流 動 資 産

　　受 取 手 形　　　　60,000

　　売 　 掛 　 金　　（　　　　　）

　　貸 倒 引 当 金　　（△　　　　）

Ⅱ　固 定 資 産

　1　有 形 固 定 資 産

　　　土 　 　 　 地　　（　　　　　）

　3　投資その他の資産

　　破 産 更 生 債 権 等　（　　　　　）

　　貸 倒 引 当 金　　（△　　　　）

損 益 計 算 書

自X2年 4 月 1 日　至X3年 3 月31日　　　（単位：千円）

　Ⅲ　販売費及び一般管理費

　　　　貸 倒 引 当 金 繰 入　　　　　　（　　　　　　）

　Ⅶ　特 　 別 　 損 　 失

　　　　貸 倒 引 当 金 繰 入　　　　　　（　　　　　　）

　　　　貸 　 倒 　 損 　 失　　　　　　（　　　　　　）

■問題8　次の資料により、解答欄に示す貸借対照表及び注記事項を完成させなさい。

決算整理前残高試算表の一部　　　（単位：千円）

受 取 手 形	12,500	退職給付引当金	3,000
売 掛 金	23,000	役員退職慰労引当金	1,000
未 収 金	2,000		
長 期 貸 付 金	7,000		

1(1)　貸倒引当金を金銭債権（一般債権に該当する。）の貸倒損失に備えるため、受取手形、売掛金、未収金及び貸付金の期末残高に対し、過去の貸倒実績率に基づき2％計上する（一括注記方式による。）。

(2)　当社は賞与の支給について、賞与の支給対象期間（X1年11月1日～X2年3月31日）に応じて算定した夏季賞与2,500千円をX2年6月に支給することが確定している。

(3)　退職給付引当金を従業員の退職給付に備えるため、当期末における退職給付債務の見込額に基づき計上する。なお、当期の退職給付費用を退職給付引当金に1,000千円追加計上する。

　　また、役員退職慰労引当金を役員の退職慰労金の支出に備えるため、役員退職慰労金規程に基づく期末要支給額を計上する。なお、当期の役員退職慰労引当金繰入額は350千円である。

(4)　翌期に予定している建物の修繕に備えるため、建物の修繕に対する見積額に基づき500千円の修繕引当金を計上する。

2　当社の会計期間はX1年4月1日～X2年3月31日とする。

解答欄

貸借対照表 （単位：千円）

Ⅰ 流動資産			Ⅰ 流動負債			
受 取 手 形	(	)	(	)	(	)
売 掛 金	(	)	(	)	(	)
未 収 金	(	)	Ⅱ 固定負債			
Ⅱ 固定資産			(	)	(	)
3 投資その他の資産			(	)	(	)
長 期 貸 付 金	(	)				

（重要な会計方針に係る事項に関する注記）

1．引当金の計上基準

貸倒引当金…

退職給付引当金…

役員退職慰労引当金…

修繕引当金…

（貸借対照表等に関する注記）

2．

■問題9　以下の資料に基づいて、退職給付費用及び期末における退職給付引当金の金額を答えなさい。

<table>
<tr><td colspan="4" align="center">決算整理前残高試算表の一部</td><td align="right">（単位：千円）</td></tr>
<tr><td>仮　払　金</td><td align="right">35,000</td><td>退 職 給 付 引 当 金</td><td align="right">90,000</td></tr>
</table>

【資料】　修正事項及び決算整理事項等

・期首退職給付引当金　90,000千円

・期首退職給付債務　150,000千円

・期首年金資産　60,000千円

・勤務費用　35,000千円

・割引率　3.0%

・長期期待運用収益率　3.5%

・退職一時金支給額　3,000千円（仮払金として処理している。）

・年金基金への拠出　32,000千円（仮払金として処理している。）

・年金基金からの給付　6,500千円

解 答 欄

退 職 給 付 費 用 　[　　　　　　千円]

退職給付引当金 　[　　　　　　千円]

4
引
当
金

■**問題10**　以下の資料に基づいて、退職給付費用及び期末における退職給付引当金の金額を答えなさい。

決算整理前残高試算表の一部　　　（単位：千円）

仮　　　払　　　金	35,000	退 職 給 付 引 当 金	90,000

【資料】　修正事項及び決算整理事項等

【期首・期末資料】

・期首退職給付引当金　90,000千円

・期首退職給付債務　150,000千円　　　期末退職給付債務　187,500千円（実際の計算結果）

・期首年金資産　60,000千円　　　期末年金資産　89,100千円（公正な評価額）

・勤務費用　　35,000千円

・割引率　　3.0%

・長期期待運用収益率　　3.5%

【期中資料】

・退職一時金支給額　　3,000千円

・年金基金への拠出額　　32,000千円

・年金基金からの給付額　　6,500千円

【その他の資料】

・数理計算上の差異の費用処理は、発生年度から10年で定額法による。

・年金基金への拠出額及び退職一時金支給額35,000千円が仮払金として処理されている。

|解||答||欄|

退 職 給 付 費 用	千円
退職給付引当金	千円

■問題11　下記の資料に基づき、退職給付費用及び期末における退職給付引当金の金額を求めなさい。

当社は、従業員の退職給付に備えるため退職一時金制度及び企業年金制度を採用している。なお、数理計算上の差異はすべて前期に発生したものであり、10年で定額法により発生の翌期から費用処理する。

残高試算表の一部　　　　　（単位：千円）

退 職 給 付 費 用	15,000	退 職 給 付 引 当 金	80,000

（単位：千円）

区　　　　分	期　　首	当 期 末	備　　考
退 職 給 付 債 務	300,000	305,000	実際の計算結果
年 　金 　資 　産	200,000	180,000	公正な評価額
未認識数理計算上の差異	20,000	各自推定	
退 職 給 付 引 当 金	80,000	各自推定	

当期における勤務費用は15,000千円、利息費用は9,000千円、期待運用収益相当額は8,000千円であり、当期末における退職給付債務の見込額は307,000千円、年金資産の見込額は206,000千円と計算されている。なお、退職一時金支払額9,000千円及び年金掛金拠出額6,000千円は退職給付費用で処理されている。また、退職年金からの給付支払額は8,000千円である。

解答欄

退 職 給 付 費 用		千円

| 退職給付引当金 | | 千円 |

■問題12　下記の資料に基づき、退職給付費用及び期末における退職給付引当金の金額を求めなさい。

当社は退職一時金制度を採用しており、従業員の退職給付に備えるため、期末における退職給付債務の見込額に基づき退職給付引当金を計上している。また、当社は従業員が300人未満であることから高い信頼性をもって数理計算上の見積りを行うことが困難であるため、退職給付に係る期末自己都合要支給額を退職給付債務とする方法（簡便法）を採用している。

自己都合要支給額の増減は次のとおりである。

⑴　前期末自己都合要支給額は69,000千円であり、当期末自己都合要支給額は70,900千円である。

⑵　当期中に退職した従業員に対する実際支給額は8,000千円であり、仮払金として処理している。

⑶　残高試算表の退職給付引当金には、前期末残高69,000千円が計上されている。

解答欄

退職給付費用　　　　　　　　　　　千円

退職給付引当金　　　　　　　　　　千円

■問題13　以下の資料により、退職給付費用及び期末における退職給付引当金の金額を求めなさい。

＜資料１＞　決算整理前残高試算表の一部（単位：千円）

仮払金　9,000　　退職給付引当金　45,000

＜資料２＞　退職給付引当金に関する事項

　当社は確定給付型の退職一時金制度及び企業年金制度を採用しており、従業員の退職給付に備えるため、期末における退職給付債務から期末における年金資産の額を控除した金額をもって計上すべき退職給付引当金としている。また、当社は退職一時金制度においては期末自己都合要支給額を退職給付債務とし、企業年金制度においては年金財政計算上の数理債務をもって退職給付債務とする方法（簡便法）を採用している。

(1)　退職一時金制度に係る事項

　　前期末自己都合要支給額は25,000千円であり、当期末自己都合要支給額は27,000千円である。なお、実際支給額6,000千円は仮払金として処理している。

(2)　企業年金制度に係る事項

　　①　数理債務の額は次のとおりである。

（単位：千円）

前　　期　　末	当　　期　　末
50,000	65,000

　　②　年金資産の額（公正な評価額）は次のとおりである。

（単位：千円）

前　　期　　末	当　　期　　末
30,000	45,000

　　③　当期の退職年金への掛金拠出は3,000千円であり、仮払金に計上されている。

(3)　残高試算表の退職給付引当金残高は前期末残高である。

解答欄

退職給付費用　　　　［　　　　　　　　　　］千円

退職給付引当金　　　［　　　　　　　　　　］千円

4
引
当
金

第5回 有価証券

■問題1

問1

　次の資料に基づいて、会社計算規則に準拠して貸借対照表及び損益計算書を作成しなさい。

（会計期間：X1年4月1日～X2年3月31日）

銘　　　柄	発行株式数 （口数）	期末保有株式数 （口数）	取得原価	期末時価	備　　　考
A 社 株 式	1,000,000株	20,000株	@1,000円	@　980円	（注1、2）
B 社 株 式	3,000,000株	4,000株	@1,500円	@1,700円	（注1）
C 社 株 式	2,000,000株	1,250,000株	@　800円	@　780円	──
D 社 株 式	25,000株	20,750株	@　500円	──	（注3）
E 社 社 債	100,000口	20,000口	@　95円	@　97円	（注4）

（注1）　売買目的有価証券に該当する。

（注2）　期中において3,000株（取得原価@1,000円）を@1,100円で売却している。なお、当期売却
　　　　分は上記期末保有株式数には含まれていない。

（注3）　D社株式は、市場価格のない株式であり、D社は財政状態が著しく悪化していることにより
　　　　実質価額が著しく低下している。なお、D社の最近の貸借対照表は次のとおりであり、下記貸
　　　　借対照表を基に実質価額を算定すること。

貸 借 対 照 表　（単位：千円）

諸　資　産	18,000	諸　負　債	12,500
		資　本　金	12,500
		利益剰余金	△7,000
	18,000		18,000

（注4）　E社社債は、当期首に発行と同時に取得したものであり、満期まで保有するものである。ま
　　　　た、1口当たりの額面は100円、償還期限は5年、約定利子率は年5％、利払日は3月末日で
　　　　ある。

　　　　なお、取得価額と額面金額の差額については、償却原価法（定額法）により処理するものと
　　　　する。また、利払日の処理は、一切行われていない。

（注5）　保有している株式は、すべて議決権があるものとする。

問2

　E社社債について、償却原価法（利息法）により処理した場合における当期のE社社債に係る投資有価証券及び有価証券利息の金額を答えなさい。

　なお、実効利子率は年6.19%とし、計算上千円未満の端数が生じた場合には計算の最後に百円の位を四捨五入すること。

解 答 欄

問1

貸 借 対 照 表

X2年 3 月31日現在　　　　　（単位：千円）

資　産　の　部	
Ⅰ　流　動　資　産	
（　　　　　　）	（　　　　　　）
Ⅱ　固　定　資　産	
3　投資その他の資産	
（　　　　　　）	（　　　　　　）
（　　　　　　）	（　　　　　　）

損　益　計　算　書

自X1年 4 月 1 日

至X2年 3 月31日　　　（単位：千円）

︙

Ⅳ　営　業　外　収　益			
（　　　　　　）		（　　　　　　）	
（　　　　　　）		（　　　　　　）	
（　　　　　　）		（　　　　　　）	

︙

Ⅶ　特　別　損　失			
（　　　　　　）		（　　　　　　）	

問2

投資有価証券	千円
有価証券利息	千円

■問題2　下記の資料により会社計算規則に従って貸借対照表及び損益計算書を作成しなさい。

（会計期間：自X1年4月1日至X2年3月31日）

残高試算表の有価証券勘定103,000千円の内訳は以下のとおりである。

（単位：千円）

銘　　　柄	取得原価	期末時価	備　　　　考
Ｇ　社　株　式	32,000	22,000	上場株式
Ｈ　社　株　式	6,000	14,000	上場株式
甲　社　株　式	30,000	——	当社の出資比率100％。市場価格のない株式。
乙　社　株　式	20,000	——	当社の出資比率50％。市場価格のない株式。
丙　社　株　式	15,000	——	当社の出資比率12％。市場価格のない株式。

1．売買目的有価証券に該当するものはない。

2．その他有価証券の評価は、市場価格のあるものは時価法（評価差額は全部純資産直入法により処理）、市場価格のないものは原価法によっている。

3．Ｈ社株式（10,000株）は、Ｈ社との取引上の関係から長期間保有していたものであるが、取引関係がなくなったことからX2年3月30日に証券会社を通じて全株式を一株当たり1,410円で売却した。株式の引渡し及び入金は4月になって行われた。なお、売却に伴う手数料等は100千円である。

4．保有している株式は全て議決権があるものとし、法定実効税率は35％で計算すること。

解答欄

貸借対照表
X2年3月31日現在　　　　　　　（単位：千円）

Ⅰ　流　動　資　産
　　（　　　　　　　）　（　　　　　　　）

Ⅱ　固　定　資　産
　　3　投資その他の資産　　　　　　　　Ⅰ　株　主　資　本
　　（　　　　　　　）　（　　　　　　　）　Ⅱ　評価・換算差額等
　　（　　　　　　　）　（　　　　　　　）　　1　（　　　　　　　）　（　　　　　　　）
　　（　　　　　　　）　（　　　　　　　）

損　益　計　算　書
自X1年4月1日　至X2年3月31日　　　（単位：千円）

　　Ⅵ　特　別　利　益
　　　　（　　　　　　　）　　　　　　　　　（　　　　　　　）

■問題3　下記の資料により、会社計算規則に従って貸借対照表及び損益計算書を完成させなさい。

（会計期間：自X1年 4 月 1 日　至X2年 3 月31日）

残 高 試 算 表　　　　（単位：千円）

現　金　預　金	100,000	受 取 配 当 金	700
有　価　証　券	106,500	有 価 証 券 利 息	100
仮　払　金	23,000	仮　受　金	23,500

（単位：千円）

銘　　　　柄	取得原価	期末時価	備　　　　考
A　社　株　式	10,000	4,500	———
B　社　株　式	45,000	50,000	下記 4 (1)参照
C　社　社　債	9,000	11,000	下記 4 (2)参照
D　社　株　式	40,000	42,500	下記 4 (3)参照
自　己　株　式	2,500	2,600	———

1　子会社・関連会社株式に該当するもの及びC社社債以外はすべてその他有価証券に区分する。

2　その他有価証券の評価は、時価法（評価差額は全部純資産直入法により処理し、売却原価は総平均法により算定する。）によっている。

3　時価が取得原価の50％以上下落した場合には減損処理することとする。

4(1)　当社はB社の議決権の18％を所有しており、当該会社の財務又は事業の方針の決定に対して重要な影響を与えている。

　(2)　当期10月 1 日に満期まで保有する目的で発行と同時に取得したものであり、額面10,000千円、償還期限は 5 年、利率は年 2 ％、利払日は 3 月末日及び 9 月末日（利払日の処理は適正に処理済）である。なお、取得価額と額面金額との差額はすべて金利の調整部分であり、これを有価証券の調整額として、利息期間に期間配分する際には償却原価法（定額法）による。

　(3)　D社株式は、当上半期中に資金繰りの都合から半数を売却したが、資金的余裕ができたため当下半期中に売却数と同数を購入した。売却及び購入に係る会計処理が未済であり、売却手取金23,500千円は仮受金に、購入に伴う支払額23,000千円は仮払金に計上している。

5　法定実効税率は35％である。

貸 借 対 照 表

X2年 3 月31日現在　　　　　　（単位：千円）

Ⅰ 流 動 資 産		Ⅱ 固 定 負 債	
現 金 預 金	100,000	繰 延 税 金 負 債　（　　　　　）	
Ⅱ 固 定 資 産			
3　投資その他の資産		Ⅰ 株 主 資 本	
投 資 有 価 証 券　（　　　　　）		4 自 己 株 式　（△　　　　）	
関 係 会 社 株 式　（　　　　　）		Ⅱ 評価・換算差額等	
		1（　　　　　　　）（　　　　　）	

損 益 計 算 書

自X1年 4 月 1 日　至X2年 3 月31日　　　（単位：千円）

Ⅳ 営 業 外 収 益	
受 取 配 当 金	700
有 価 証 券 利 息	（　　　　　）
Ⅵ 特 別 利 益	
（　　　　　）	（　　　　　）
Ⅶ 特 別 損 失	
（　　　　　）	（　　　　　）

5

有価証券

■問題4　以下の資料に基づき、貸借対照表及び損益計算書を完成させなさい。

<資料>

残高試算表の一部　　　　　　（単位：千円）			
有　価　証　券	77,000	繰 延 税 金 負 債	5,950
		その他有価証券評価差額金	11,050

残高試算表の有価証券の内訳は次のとおりである。

（単位：千円）

銘　　　柄	前期末残高		当期末残高	
	取得原価	時　　価	取得原価	時　　価
Ｆ　社　株　式	40,000	36,000	40,000	18,000
Ｇ　社　株　式	各自算定	41,000	各自算定	54,000

(1)　すべてその他有価証券に該当する。

(2)　その他有価証券の評価は、時価法（評価差額は全部純資産直入法により処理し、売却原価は移動平均法により算定している。）によっている。なお、時価が取得原価の50％以上下落した場合には減損処理することとしている。

(3)　残高試算表のその他有価証券評価差額金はその他有価証券の前期末残高に係るものである。

(4)　法定実効税率は35％である。

解 答 欄

貸　借　対　照　表　　　　　　　　（単位：千円）

II　固　定　資　産		II　固　定　負　債		
3　投資その他の資産		（　　　　　　　　）	（　　　　　　　）	
（　　　　　　　　）	（　　　　　　　）			
		II　評価・換算差額等		
		（　　　　　　　　）	（　　　　　　　）	

損　益　計　算　書　　　　　　　　（単位：千円）

VII　特　別　損　失		
（　　　　　　　　）	（　　　　　　　）	

－102－

■問題5　下記の資料により、会社計算規則に準拠して貸借対照表及び損益計算書を作成しなさい。

　　　（会計期間：X1年4月1日～X2年3月31日）

＜資料1＞

　　決算整理前残高試算表の一部（単位：千円）

　　有価証券　97,900　　有価証券利息　300

＜資料2＞

　　決算整理前残高試算表の有価証券の内訳は次のとおりである。

（単位：千円）

銘　　柄	取得原価	期末時価	備　　考
甲　社　株　式	7,500	3,000	下記(3)①参照
乙　社　株　式	6,000	2,500	下記(3)②参照
丙　社　株　式	15,000	14,000	下記(3)③参照
Ａ　社　社　債	9,400	11,000	下記(3)④参照
Ｂ公社債投資信託	20,000	20,500	下記(3)⑤参照
Ｃ ゴルフ会員権	40,000	5,000	下記(3)⑥参照

⑴　「その他有価証券」の評価は、時価法（評価差額は全部純資産直入法により処理し、税効果会
　　計を適用する。）によっている。なお、法定実効税率は35％である。

⑵　時価又は実質価額が取得原価の50％以上下落した場合には減損処理することにしている。

⑶　上記の有価証券の備考の内容は次のとおりである。

　①　甲社株式は、短期間の時価の変動により利益を得ることを目的としている。

　②　当社は乙社の議決権の42％を所有しており、当社役員が乙社の取締役会の構成員の過半数を
　　　占めている。

　③　丙社株式は、長期的な時価の変動により利益を得ることを目的としている。

　④　Ａ社社債は当期10月において、発行と同時に額面金額10,000千円の社債（償還期限X4年9月
　　　30日、クーポン利子率年6％、利払日3月末日及び9月末日）を取得したものであり、満期ま
　　　で保有するものである。取得価額と額面金額との差額はすべて金利の調整と認められるもので
　　　あり、利息の調整として償却原価法（定額法）により各期に配分する。

　⑤　Ｂ公社債投資信託は元本毀損の恐れがなく容易に換金可能な預金と同様の性格を有する短期
　　　投資として所有している。

　⑥　Ｃゴルフ会員権は預託保証金形式（うち預託保証金10,000千円）のものであり、著しい時価
　　　の下落が生じている。当該ゴルフ会員権の取引相場価格の回復可能性は不明である。また、時
　　　価の下落が著しいため貸倒引当金及び評価損を区分して計上する。

貸 借 対 照 表
X2年 3 月31日現在　　　　　　　　　（単位：千円）

資　産　の　部			
Ⅰ　流　動　資　産			
（　　　　　　　）	（　　　　　　）		
Ⅱ　固　定　資　産			
3　投資その他の資産			
（　　　　　　　）	（　　　　　　）	純　資　産　の　部	
（　　　　　　　）	（　　　　　　）		
（　　　　　　　）	（　　　　　　）	Ⅱ　評価・換算差額等	
（　　　　　　　）	（　　　　　　）	1　（　　　　　　）	（　　　　　　）
貸　倒　引　当　金	（△　　　　　）		

損 益 計 算 書
自X1年 4 月 1 日　至X2年 3 月31日　　　（単位：千円）

Ⅳ　営　業　外　収　益			
（　　　　　　　）		（　　　　　　）	
Ⅴ　営　業　外　費　用			
（　　　　　　　）		（　　　　　　）	
Ⅶ　特　別　損　失			
（　　　　　　　）		（　　　　　　）	
（　　　　　　　）		（　　　　　　）	
（　　　　　　　）		（　　　　　　）	

5
有価証券

第6回　税効果会計

■問題1　次の資料により、税効果会計に関する財務諸表の表示区分、表示科目及び金額を示しなさい。なお、財務諸表に表示するものがない場合には表示科目に「なし」と記入し、また、損益計算書上、法人税、住民税及び事業税を減算する税効果会計による調整金額については△印を付すこと。また、法定実効税率は35%とし、繰延税金資産の回収可能性に問題はないものとする。

【設問1】

決算において、当期より役員退職慰労引当金を設定し、当期分50,000千円を繰入れた。なお、この繰入額は全額税務上損金算入が認められるものではない。

【設問2】

当期（第Ⅰ期）の事業税の確定年税額は35,000千円であり、期中に中間分18,500千円を納付している。

【設問3】

上記【設問2】の事業税を翌期（第Ⅱ期）に納付している。また、第Ⅱ期における事業税の確定年税額は36,000千円であり、期中に中間分18,000千円を納付している。

【設問4】

当期において交際費を48,000千円計上している。なお、この交際費は永久差異に該当する。

解答欄

（単位：千円）

設問	財務諸表の種類	表示区分	表示科目	金額
1	貸借対照表			
	損益計算書	法人税、住民税及び事業税の次		
2	貸借対照表			
	損益計算書	法人税、住民税及び事業税の次		
3	貸借対照表			
	損益計算書	法人税、住民税及び事業税の次		
4	貸借対照表			
	損益計算書	法人税、住民税及び事業税の次		

■問題2　次の資料により、貸借対照表及び損益計算書の表示区分、表示科目及び金額を示しなさい。

<資料Ⅰ>　残高試算表の一部

　　有価証券　27,200千円　繰延税金資産　172,200千円

<資料Ⅱ>　残高試算表の有価証券の内訳

（単位：千円）

銘　柄	当初取得原価	帳 簿 価 額	期 末 時 価	摘　　　要
A 社 株 式	10,000	4,000	6,000	証券取引所上場株式
B 社 株 式	12,600	12,600	8,200	証券取引所上場株式
C 社 株 式	6,600	6,600	7,200	証券取引所上場株式
D 社 株 式	15,000	4,000	1,500	証券取引所上場株式

(1)　売買目的の有価証券は所有していない。なお、時価が取得原価の50％以上下落した場合には減損処理することとしている。A社株式及びD社株式の取得原価と帳簿価額との差は、過年度の減損処理によるものである。

(2)　その他有価証券の評価は、時価法（評価差額は全部純資産直入法により処理し、売却原価は移動平均法により算定）によっている。なお、前期決算のその他有価証券にかかる評価仕訳（税効果に関する仕訳を含む。）は、期首に振り戻しを行っている。

<資料Ⅲ>　税効果会計に関する事項

(1)　その他有価証券の評価差額を除く当期末の一時差異残高及び永久差異は、次のとおりである。

　　①　将来減算一時差異　555,500千円（前期末残高　492,000千円）

　　②　永久差異　　　　　　55,000千円（前期金額　　50,000千円）

(2)　前期及び当期における各税率で算定した当社の法定実効税率は35％である。

(3)　繰延税金資産の回収可能性に問題はないものとする。

解 答 欄

<貸借対照表>　　　　　　　　　　　　　　　　　　　（単位：千円）

表 示 区 分	表 示 科 目	金　　　額

<損益計算書>　　　　　　　　　　　　　　　　　　　（単位：千円）

表 示 区 分	表 示 科 目	金　　　額
法人税、住民税及び事業税の次		

■問題3　次の資料により、税効果会計に関する注記を完成させなさい。

1．残高試算表の一部

有価証券　118,000

2．有価証券に関する事項

有価証券の内訳は次のとおりである。

（単位：千円）

銘柄	取得原価	期末時価	備　　　考
Ａ社株式	83,000	80,000	その他有価証券に該当する。
Ｂ社株式	35,000	30,000	その他有価証券に該当する。

その他有価証券は時価法（評価差額は全部純資産直入法により処理する。）によって評価している。なお、前期決算のその他有価証券にかかる評価仕訳（税効果に関する仕訳を含む。）は、期首に振り戻しを行っている。

3．退職給付引当金に関する事項

退職一時金制度を採用しており、従業員の退職給付に備えるため、期末における退職給付債務の見込額に基づき退職給付引当金を計上している。また、当社は従業員が300人未満であり、高い信頼性をもって数理計算上の見積もりを行うことが困難であるため、退職給付に係る期末自己都合要支給額を退職給付債務とする方法（簡便法）を採用している。

自己都合要支給額は以下のとおりである。

（単位：千円）

前期末	当期末
70,000	80,000

当期中に退職した従業員に対する実際支給額は10,000千円であり、仮払金として処理している。

4．諸税金に関する事項

⑴　当期の確定年税額（中間納付額及び源泉徴収税額控除前）は、法人税及び住民税が85,000千円、事業税が24,000千円である。

⑵　仮払金には法人税及び住民税の中間納付額52,500千円、事業税の中間納付額15,000千円が計上されている。

5．税効果会計に関する事項

（1）当期末の一時差異の状況は次のとおりである。

(単位：千円)

項　　目	当　期　末
将来減算一時差異	
貸倒引当金	3,500
未払事業税	各自計算
その他有価証券評価差額金	各自計算
退職給付引当金	各自計算
その他	51,080

（2）当期の法定実効税率は35%である。

（3）繰延税金資産の回収可能性に問題はない。

解 答 欄

税効果会計に関する注記

　繰延税金資産の発生原因別の主な内訳

(単位：千円)

繰延税金資産	
将来減算一時差異	
貸倒引当金	（　　　　　　）
未払事業税	（　　　　　　）
その他有価証券評価差額金	（　　　　　　）
退職給付引当金	（　　　　　　）
その他	（　　　　　　）
繰延税金資産合計	（　　　　　　）

■問題4　次の資料により、税効果会計に関する注記（一部）の空欄（　①　）から（　⑤　）に入る適切な語句または金額を答えなさい。なお、解答金額がマイナスとなる場合には金額の前に「△」を付すこと。

１．有形固定資産に関する事項

(1)　当社は、当期首に営業所建物Ａを取得し、同日より事業の用に供している。営業所建物Ａの耐用年数は30年であり、当社には営業所建物Ａを使用後に除去する法的義務がある。当社が営業所建物Ａを除去するときの支出は30,000千円と見積もられている。当社は営業所建物Ａについて残存価額ゼロで定額法により減価償却を行っているが、資産除去債務に関する会計処理が未了である。なお、資産除去債務の算定に用いる割引率は2.0％とし、現在価値に割り引く際の現価係数は0.55とする。また、税務上、資産除去債務の計上は認められないため、税効果会計を適用する。

(2)　当社のＬ事業部において減損の兆候がみられたため、減損損失の計上を行うこととした。なお、減損会計を適用する場合の資産のグルーピングは事業部ごとに行うこととしており、減損損失は資産の種類ごとに期末現在の帳簿価額に基づき配分するものとする。

①　Ｌ事業部の所有資産の内訳は、次のとおりである。

（単位：千円）

区　　分	建　　物	器具備品	土　　地	合　　計
期末現在の帳簿価額	131,500	31,000	200,000	362,500

②　同事業部から得られる割引前将来キャッシュ・フローの合計額は342,000千円と見積もられ、また、資産又は資産グループの正味売却価額と使用価値のいずれか高い方の金額は333,500千円と見積もられた。

③　税務上、減損損失の計上は認められないため、税効果会計を適用する。なお、土地についての減損損失に係る繰延税金資産は、スケジューリング不能な一時差異として回収可能性がないものとする。

２．税効果会計に関する事項

(1)　当期の法定実効税率は30％とする。

(2)　繰延税金資産の回収可能性は、指示のあるものを除き問題ないものとする。

<税効果会計に関する注記（一部）>

繰延税金資産及び繰延税金負債の発生原因別の主な内訳

(単位：千円)

繰延税金資産	
将来減算一時差異	
⋮	
減損損失	(①)
資産除去債務	(②)
繰延税金資産小計	
(③)	(④)
繰延税金資産合計	
繰延税金負債	
将来加算一時差異	
資産除去債務に対応する除去費用	(⑤)
⋮	

解 答 欄

①	
②	
③	
④	
⑤	

第7回　外貨建取引

■問題1　次の資料により解答欄の貸借対照表を作成し、損益計算書に計上すべき為替差損（益）の金額を答えなさい。（会計期間：X1年4月1日〜X2年3月31日）

＜資料1＞

決算整理前残高試算表の一部

X2年3月31日　　　　　　　　（単位：千円）

現　金　預　金	37,500	買　　掛　　金	23,500
貸　　付　　金	15,550		
為　替　差　損　益	600		

＜資料2＞

1．現金預金のうち3,000千円は短期の外貨預金であり、預入れ日の為替相場1ドル＝120円で換算されている。なお、決算日の為替相場は1ドル＝113円である。

2．貸付金の内訳は次のとおりである。

　・米国Z社に対するもの　2,300千円（20千ドル・回収日X2年5月15日）

　・米国X社に対するもの　5,250千円（50千ドル・回収日X4年2月18日）

　・上　　記　　以　　外　8,000千円（すべて翌々期以降回収）

3．X2年3月26日に米国A社から商品を1,962千円（18千ドル）で掛仕入れしたが未処理である。なお、掛代金の決済は翌期に行われる。

4．X2年2月15日に米国B社に対して、翌期決済の契約で20千ドルの掛仕入を行い、取引日の為替相場1ドル＝108円で、買掛金を計上している。

解答欄

貸 借 対 照 表

X2年3月31日現在　　　　　　　　（単位：千円）

I　流　動　資　産		I　流　動　負　債	
現　金　預　金	（　　　）	買　　掛　　金	（　　　）
短　期　貸　付　金	（　　　）		
II　固　定　資　産			
3．投資その他の資産			
（　　　　　）	（　　　）		

為替差損益の金額

為替差（　　　）　□□□□　千円

■問題2　次の資料により貸借対照表及び損益計算書を作成しなさい。

（会計期間：X1年4月1日〜X2年3月31日）

＜資料1＞

決算整理前残高試算表の一部

X2年3月31日　　　　　　　（単位：千円）

現　金　預　金	226,000	借　　入　　金	60,440
仮　　払　　金	33,300		

＜資料2＞

1．現金預金のうちには外貨建定期預金33,900千円（300千ドル、X3年11月30日満期）が含まれている。

2．借入金の内訳は次のとおりである（利息の支払については適正に処理されている。）。

①　外貨建借入金　6,540千円

　　X1年8月1日に米国A社から、X3年4月30日返済の米ドル建て借入れにより60千ドルの資金調達をし、取引日の為替相場により借入金を計上している。

　　借入れから1ケ月後の9月1日に、それ以後決済予定日であるX3年4月30日までの円安による決済金額の増加を懸念して、この為替変動リスクを回避するために為替予約を締結したが、未処理である。

　　為替予約の会計処理は振当処理によること。また、直先差額については月数による期間を基準として各期へ配分し、各期に配分された外貨建金銭債権債務等に係る為替予約差額は、為替差損又は為替差益に含めて表示すること。

	直 物 レ ー ト	先物予約レート
取引日（X1年8月1日）	109円	110円
予約日（X1年9月1日）	110円	111円
決算日（X2年3月31日）	112円	113円
決済日（X3年4月30日）	113円	——

②　外貨建借入金　33,900千円

　　外貨建借入金（300千ドル）は1ドル＝111円の為替相場の時に決済されているが、支払金額を仮払金として処理したのみであるので、適正に処理を行うこと。

③　B銀行からの借入金　20,000千円

　　この借入金は、X5年7月31日に一括返済するものである。

解答欄

貸 借 対 照 表

X2年 3 月31日現在　　　　　　　　（単位：千円）

I 流 動 資 産		
現 金 預 金	（　　　　　）	

II 固 定 資 産			II 固 定 負 債		
3 ．投資その他の資産				（　　　　　　）	（　　　　　）
（　　　　　　）	（　　　　　）				
（　　　　　　）	（　　　　　）				

損 益 計 算 書　　　　　　　　（単位：千円）

自X1年 4 月 1 日　至X2年 3 月31日

営 業 外 収 益

　　（　　　　　　）　　　　　（　　　　）

■問題3　次の資料により貸借対照表及び損益計算書を作成しなさい。

（会計期間：X1年4月1日～X2年3月31日）

＜資料1＞

残高試算表の一部

現金預金　120,000千円　　売掛金　350,000千円　　貸付金　250,000千円

受取利息　3,000千円　　為替差損　3,500千円

＜資料2＞

1　現金預金には外貨建定期預金54,000千円（500千ドル、X3年1月31日満期）が含まれている。

2　残高試算表の売掛金には以下のものが含まれている。

売掛金　64,200千円

X2年2月1日に米国B社に対して、X2年4月30日決済の契約で600千ドルの掛売上を行い、その後X2年3月1日に、X2年4月30日を決済予定日とする為替予約を締結した。なお取引日以外の会計処理が未了であり、独立処理により会計処理を行うこと。

＜直物レート及び先物予約レートの推移＞

	直物レート	先物予約レート
取引日（X2年2月1日）	107円	105円
予約日（X2年3月1日）	106円	104円
決算日（X2年3月31日）	102円	103円
決済日（X2年4月30日）	101円	——

3　貸付金の内訳は以下のとおりである。なお、未収利息の計上は未了である。

①　外貨建貸付金　32,700千円

X1年6月1日に米国A社に300千ドルを貸し付けたものであり、取引日の為替相場により貸付金を計上している（貸付期間3年、利息年2％、利払日年1回5月末）。

②　貸付金　170,000千円

X1年10月1日に甲社に200,000千円を貸し付けたものの残額である。当該貸付金は、X2年1月31日より毎月末に均等返済されるものである。

③　残額は貸借対照表日の翌日から起算して一年以内に回収予定のものである。

解 答 欄

貸 借 対 照 表

X2年 3 月31日現在 （単位：千円）

Ⅰ 流 動 資 産	
現 金 預 金 （　　　　　）	
売 掛 金 （　　　　　）	
短 期 貸 付 金 （　　　　　）	
（　　　　　　） （　　　　　）	
（　　　　　　） （　　　　　）	
Ⅱ 固 定 資 産	
3 投資その他の資産	
長 期 貸 付 金 （　　　　　）	

損 益 計 算 書

自X1年 4 月 1 日　至X2年 3 月31日　　（単位：千円）

Ⅳ 営 業 外 収 益	
（　　　　　　）	（　　　　　）
Ⅴ 営 業 外 費 用	
（　　　　　　）	（　　　　　）

■問題4　〈資料1〉～〈資料3〉をもとに、会社法及び会社計算規則に準拠し貸借対照表及び損益計算書を作成しなさい。（会計期間：X1年4月1日～X2年3月31日）

〈資料1〉　決算整理前残高試算表の一部

　　有価証券　292,150千円　有価証券利息　286千円

〈資料2〉　有価証券の内訳

銘　柄	帳簿価額 （千円）	取得価額 （米ドル）	期末時価 （米ドル）	備　　考
A社株式	16,950	150,000	155,000	売買目的有価証券に該当する。
B社社債	23,000	200,000	205,000	当期1月1日に発行と同時に取得したものであり、償還期限まで保有する予定である。この社債の額面金額は260,000米ドル、償還期限は5年である。なお、取得価額と額面金額の差額は、すべて金利の調整部分である。 　約定利息の受取りは適正に処理されている。
C社株式	126,500	1,000,000	――	C社株式は市場価格のない株式である。なお、C社は外国子会社である。C社の財政状態は悪化しており、期末日現在、実質価額が500,000米ドルと著しく低下しており、回復する見込みはない。
D社株式	40,600	350,000	380,000	その他有価証券に該当する。
E社株式	46,000	400,000	200,000	その他有価証券に該当する。なお、期末日現在時価が著しく下落し、回復する見込みはない。
F社株式	39,100	340,000	350,000	その他有価証券に該当する。

〈資料3〉　その他必要な資料

1．決算日の直物為替相場は1米ドル＝110円、期中平均相場は1米ドル＝112円である。

2．償却原価法の適用にあたっては、定額法によることとする。なお、決算整理前残高試算表の有価証券利息は、すべてB社社債に係るものであり、金利調整差額の処理以外はすべて適正に処理済である。

3．その他有価証券の評価差額については、全部純資産直入法により処理している。

4．その他有価証券の評価差額については、法定実効税率を35％として税効果会計を適用する。減損処理は、税務上も全額が損金として認められるものとする。

5．貸借対照表に関して、繰延税金資産と繰延税金負債は相殺して純額で表示する。

解 答 欄

貸 借 対 照 表
X2年 3 月31日現在　　　　　　　　（単位：千円）

資 産 の 部	負 債 の 部
	┊
Ⅰ 流 動 資 産	Ⅱ 固 定 負 債
（　　　　　）（　　　）	（　　　　　）（　　　　）
Ⅱ 固 定 資 産	純 資 産 の 部
3　投資その他の資産	┊
（　　　　　）（　　　）	Ⅱ　評価・換算差額等
（　　　　　）（　　　）	1 （　　　　　）（　　　　）

損 益 計 算 書　　　　　　（単位：千円）
自X1年 4 月 1 日　至X2年 3 月31日

Ⅳ　営 業 外 収 益
　（　　　　　）　（　　　　　）
　（　　　　　）　（　　　　　）
Ⅴ　営 業 外 費 用
　（　　　　　）　（　　　　　）
Ⅶ　特 別 損 失
　（　　　　　）　（　　　　　）
　（　　　　　）　（　　　　　）

第8回　繰延資産

■問題1　次の資料により当期（X5年4月1日～X6年3月31日）の貸借対照表及び損益計算書の表示区分、表示科目及び金額を示しなさい。

＜資料1＞　決算整理前残高試算表の一部（単位：千円）

仮　払　金	12,000
株 式 交 付 費	5,000
開　業　費	3,000

＜資料2＞

1．仮払金は、X6年2月1日において新市場開拓のために特別に支出した費用であり、支出のときから5年にわたり定額法により償却する。なお、償却費については販売費及び一般管理費に表示する。

2．株式交付費は、X4年4月1日に企業規模の拡大のためにする資金調達に係る新株発行にあたって支出した費用である。当該費用は、株式交付のときから3年で定額法により償却しており、過去の償却は適正に行われている。

3．開業費は、X2年4月1日に開業のために支出した建物の賃借料及び広告宣伝費である。当該費用は、開業のときから5年で定額法により償却しており、過去の償却は適正に行われている。

解答欄

＜貸借対照表＞

（単位：千円）

表　示　区　分	表　示　科　目	金　　額

＜損益計算書＞

（単位：千円）

表　示　区　分	表　示　科　目	金　　額
販 売 費 及 び 一 般 管 理 費		

■問題２　次の資料により貸借対照表及び損益計算書の表示区分、表示科目及び金額を示しなさい。また、注記事項も記載すること。（会計期間：X1年４月１日〜X2年３月31日）

<資料１>　残高試算表の一部

残高試算表　　　　　　　（単位：千円）

仮　払　金	14,500	社　　　　　債	100,000
社 債 発 行 費	3,000		

<資料２>　決算整理事項等

1．仮払金に関する事項

仮払金の内訳は以下のとおりである。

⑴　期中の増資に係る株式募集のための広告費10,000千円及び同募集のための金融機関の取扱手数料1,000千円であり、支出時に費用処理する。

⑵　自己株式の処分に伴い支出した費用3,500千円であり、支出時に費用処理する。

2．社債に関する事項

X1年８月１日に社債100,000千円を額面にて発行し、あわせて当該社債を発行するための費用を3,000千円支出した。当該費用は社債の償還期限（X6年７月31日）までの期間にわたり定額法により償却する。

解答欄

<貸借対照表>

（単位：千円）

表　示　区　分	表　示　科　目	金　　　額
固　定　負　債	社　　　　　　　　債	100,000

<損益計算書>

（単位：千円）

表　示　区　分	表　示　科　目	金　　　額

<重要な会計方針に係る事項に関する注記>

1．

8　繰延資産

第9回 税　金

■問題1　下記の資料により貸借対照表及び損益計算書の金額を示しなさい。

1．残高試算表の一部

　　　　法人税等　56,000千円

　　　　租税公課　15,700千円

2．受取利息及び受取配当金から源泉徴収された所得税700千円が租税公課として処理されている。

3．当期の確定年税額（中間納付額及び源泉徴収税額控除前）は、法人税及び住民税が120,500千円、事業税が32,500千円（うち付加価値割及び資本割の合計額7,650千円）である。残高試算表の法人税等には法人税と住民税の中間納付額56,000千円が計上されており、租税公課には事業税の中間納付額15,000千円（うち付加価値割及び資本割の合計額3,550千円）が計上されている。

解答欄

（単位：千円）

	表　示　区　分	表　示　科　目	金　　　額
貸借対照表	流　動　負　債	未　払　法　人　税　等	
損益計算書	販売費及び一般管理費	租　税　公　課	
損益計算書	税引前当期純利益の次	法人税、住民税及び事業税	

■問題 2　次の資料により、貸借対照表及び損益計算書の空欄に適切な科目又は金額を記入しなさい。

決算整理前残高試算表の一部　　　（単位：千円）

| 仮　　払　　金 | 217,000 | 受 取 利 息 配 当 金 | 140,000 |
| 租 　税　 公　 課 | 82,350 | | |

<資料>

1．仮払金の内訳は以下のとおりである。

①　法人税、住民税及び事業税の中間納付額　185,000千円

（うち、事業税の外形基準部分は9,800千円）

②　法人税、住民税及び事業税の追徴税額　32,000千円

　　なお、当期の法人税、住民税及び事業税の確定年税額（中間納付額及び源泉所得税控除前）は400,000千円（うち、事業税の外形基準部分は21,000千円）である。

2．受取利息配当金の金額は、源泉所得税20,000千円が控除された残額である。

解 答 欄

貸 借 対 照 表　　（単位：千円）　　　　　損 益 計 算 書　　（単位：千円）

:　　　　　　　　　　　　　　　　　　　　　:

流　動　負　債　　　　　　　　　　販売費及び一般管理費

未 払 法 人 税 等　（　　　　　）　　　租 　税　 公　 課　（　　　　　）

:

営 　業 　外 　収 　益

受 取 利 息 配 当 金　（　　　　　）

:

税 引 前 当 期 純 利 益　1,000,000

法 人 税、 住 民 税
　　　　　　　　　　　　（　　　　　）
及 　び 　事 　業 　税

[　　　　　　　]　（　　　　　）

当 　期 　純 　利 　益　（　　　　　）

9
税
金

－123－

■問題3　以下の資料に基づき貸借対照表及び損益計算書を作成しなさい。なお、消費税等の税率は10%とする。

＜資料Ⅰ＞

決算整理前残高試算表の一部　　　（単位：千円）

売　掛　金	450,000	売　　　　　上	2,100,000
仮　払　金	39,300	仮 受 消 費 税 等	167,800
仮 払 消 費 税 等	95,200		

＜資料Ⅱ＞

1．売掛金に関する事項

当社は得意先A社に対して掛売上11,000千円（税込）を行っているが、未処理である。

2．諸税金に関する事項

消費税等の中間納付額39,300千円は仮払金に計上されており、期末振替処理は未了である。確定納付額34,200千円は未払消費税等に計上し、決算整理前残高試算表の相殺残高との差額があれば、租税公課又は雑収入で処理するものとする。

解 答 欄

貸 借 対 照 表　　　（単位：千円）

科　　目	金　額	科　　目	金　額
流動資産		流動負債	
売　掛　金	(　　　　)	：	
：		未 払 消 費 税 等	(　　　　)

損 益 計 算 書　　　（単位：千円）

科　　　目	金　　額	
売　　上　　高		(　　　　)
：		
〔　　　　　　　〕		
(　　　　　　)	(　　　　)	

-124-

第10回　株主資本

■問題1

【設問1】　次の資料に基づき会社計算規則に準拠した純資産の部の表示を示しなさい。

（会計期間：X1年4月1日～X2年3月31日）

決算整理前残高試算表の一部　　（単位：千円）

仮　　払　　金	20,000	仮　　受　　金	240,000
		資　　本　　金	500,000
		資 本 準 備 金	30,000
		利 益 準 備 金	65,000
		別 途 積 立 金	5,000
		繰越利益剰余金	30,000

1．当社は、X1年6月に行われた株主総会の決議により、繰越利益剰余金を財源とした剰余金の配当を行ったが、配当額により次の処理をしたのみである。

　　（仮　　払　　金）　20,000千円　　（現　金　預　金）　20,000千円

2．仮受金は、X2年2月1日に増資を行い、新株を300,000株発行した際の払込金額である。なお、増加する資本金は1株につき500円とすること。

3．当期純利益は42,000千円である。

【設問2】　上記【設問1】における増資の払込期日がX2年4月1日であった場合の純資産の部の表示を示しなさい。

【設問1】

純資産の部　　　　　　　　（単位：千円）

I　株主資本　　　　　　　　（　　　　　　　）

1　（　　　　　　　）　　　（　　　　　　　）

2　（　　　　　　　）　　　（　　　　　　　）

　(1)（　　　　　　　）　　（　　　　　　　）

3　（　　　　　　　）　　　（　　　　　　　）

　(1)（　　　　　　　）　　（　　　　　　　）

　(2)（　　　　　　　）　　（　　　　　　　）

　　　（　　　　　　　）　　（　　　　　　　）

　　　（　　　　　　　）　　（　　　　　　　）

　　　純　資　産　合　計　（　　　　　　　）

【設問2】

純資産の部　　　　　　　　（単位：千円）

I　株主資本　　　　　　　　（　　　　　　　）

1　（　　　　　　　）　　　（　　　　　　　）

2　（　　　　　　　）　　　（　　　　　　　）

3　（　　　　　　　）　　　（　　　　　　　）

　(1)（　　　　　　　）　　（　　　　　　　）

4　（　　　　　　　）　　　（　　　　　　　）

　(1)（　　　　　　　）　　（　　　　　　　）

　(2)（　　　　　　　）　　（　　　　　　　）

　　　（　　　　　　　）　　（　　　　　　　）

　　　（　　　　　　　）　　（　　　　　　　）

　　　純　資　産　合　計　（　　　　　　　）

10 株主資本

■問題2　次の資料に基づき、株主資本等変動計算書及び株主資本等変動計算書に関する注記（一部）を完成させなさい。（会計期間：X1年4月1日〜X2年3月31日）

＜資料＞　取引内容等

1．X1年6月26日の定時株主総会において、当社普通株式1株につき400円を金銭で配当することを決議している。当該配当は、資本剰余金を原資としていない。なお、X1年3月31日における、当社の発行済株式総数は25,000株であり、全て普通株式である。

2．当社はX1年10月1日に新株の発行による第三者割当増資を行った。交付した株数は2,500株（全て普通株式）であり、その際、金銭により75,000千円の払込みを受けた。増加する資本金は、会社法に規定する最低限度額とする。

3．X2年1月10日に自己株式500株を15,250千円で取得した。当社は、これ以外に自己株式は保有しておらず、当該自己株式はX2年3月31日においても保有している。

4．当期純利益は28,800千円である。

5．X2年6月26日の定時株主総会において、当社普通株式1株につき700円を金銭で配当することを決議している。当該配当は、資本剰余金を原資としていない。

解答欄

＜株主資本等変動計算書＞　　　　　　　　　　　　　　　　　　　　（単位：千円）

	株　　主　　資　　本							
		資本剰余金		利益剰余金			自己株式	株主資本合計
	資本金	資本準備金	その他資本剰余金	利益準備金	その他利益剰余金			
					別途積立金	繰越利益剰余金		
当期首残高	500,000	60,000	5,000	48,000	40,000	88,000	0	741,000
当期変動額								
新株の発行								
（　　　　　）								
（　　　　　）								
自己株式の取得								
当期変動額合計								
当期末残高								

<株主資本等変動計算書に関する注記（一部）>

発行済株式総数及び自己株式数に関する事項　　　　　（単位：株）

	当期首株式数	当期増加株式数	当期減少株式数	当期末株式数
発行済株式			―	
自己株式			―	

剰余金の配当に関する事項

(1)　配当支払額等

　　（　　　）年6月26日の定時株主総会で、次のとおり決議しております。

　　・普通株式の配当に関する事項

　(イ)　配当金の総額　（　　　）千円

(2)　基準日が当事業年度に属する配当のうち、配当の効力発生日が翌事業年度になるもの

　　（　　　）年6月26日開催の定時株主総会で、次のとおり提案しております。

　　・普通株式の配当に関する事項

　(イ)　配当金の総額　（　　　）千円

　(ロ)　配当の原資　（　　　　　　　　　　）

10
株主資本

■問題3　次の資料に基づき、各問に答えなさい。（会計期間：X1年 4 月 1 日～X2年 3 月31日）

【資料】　　期首残高試算表の一部　　（単位：千円）

資 本 金	500,000
資 本 準 備 金	70,000
その他資本剰余金	7,000
利 益 準 備 金	35,000
別 途 積 立 金	850,000
繰 越 利 益 剰 余 金	8,500

1　決算において当期純利益は10,000千円と算定された。

2　当期において自己株式10株を15,000千円で取得した。

3　上記 2 で取得した自己株式のうち 3 株を当期において取締役会の決議により消却した。

4　上記 2 で取得した自己株式のうち 5 株を当期において募集株式の発行等の手続により、9,000千円で処分した。なお、払込期日はX2年 3 月31日であり、期日までに全額の払込があった。

問1　会社計算規則に基づき、貸借対照表の一部を完成させなさい。

問2　【資料】 4 の払込期日がX2年 4 月15日であった場合の、貸借対照表の一部を完成させなさい。なお、期末までに9,000千円の払込があったものとする。

解答欄

問1

貸借対照表	（単位：千円）
Ⅰ　株主資本	(　　　　　)
1　資本金	(　　　　　)
2　資本剰余金	(　　　　　)
(1)　資本準備金	(　　　　　)
(2)　その他資本剰余金	(　　　　　)
3　利益剰余金	(　　　　　)
(1)　利益準備金	35,000
(2)　その他利益剰余金	(　　　　　)
別途積立金	850,000
繰越利益剰余金	(　　　　　)
4　自己株式	(　　　　　)

問2 【資料】4の払込期日が X2年4月15日であった場合

貸借対照表　　　　　　　（単位：千円）

I	株主資本	(	)
1	資本金	(	)
2	資本剰余金	(	)
(1)	資本準備金	(	)
(2)	その他資本剰余金	(	)
3	利益剰余金	(	)
(1)	利益準備金	35,000	
(2)	その他利益剰余金	(	)
	別途積立金	850,000	
	繰越利益剰余金	(	)
4	自己株式	(	)
5	( )	(	)

10 株主資本

第11回　社債・新株予約権等

■問題1　以下の資料により当期（X3年4月1日～X4年3月31日）の貸借対照表及び損益計算書の表示
区分、表示科目及び金額を示しなさい。

＜資料1＞　決算整理前残高試算表の一部（単位：千円）

社　　　　　債　96,250　　社 債 利 息　2,250

＜資料2＞

(1)　社債はX2年1月1日に当社が発行したものである。

（発行条件）

① 額面金額@100円　② 発行価額@95円　③ 発行口数　1,000千口

④ 償還期限　5年　⑤ 利払日　毎年6月末、12月末　⑥ 利率　年3%

(2)　社債の価額の算定は、償却原価法（定額法）を適用している。なお、過去の償却は適正に行われている。

(3)　利払日における社債利息の処理は適正に行われている。

解答欄

＜貸借対照表＞

（単位：千円）

表 示 区 分	表 示 科 目	金 　 額

＜損益計算書＞

（単位：千円）

表 示 区 分	表 示 科 目	金 　 額

■問題2　以下の資料に基づき、当期（X2年4月1日〜X3年3月31日）の貸借対照表を作成しなさい。

〔資料1〕　決算整理前残高試算表の一部（単位：千円）

仮　受　金　13,500　　資　本　金　300,000　　資本準備金　25,000

その他資本剰余金　1,100　　新株予約権　12,000

〔資料2〕

　残高試算表の新株予約権はX1年4月1日に発行（新株予約権の発行総数は30千個、発行に伴う払込金額は新株予約権1個あたり400円）した際に、払込を受けた金額の総額である。新株予約権の行使に伴う払込金額の総額は45,000千円（新株予約権1個につき1株発行、払込金額は新株予約権1個当たり1,500円）である。

　なお、X2年7月1日に新株予約権の30％について権利行使がなされ、新株を発行したが、払込金額を仮受金として処理しているのみである。なお、当該権利行使にあたり15,000千円を資本金とすること。

解 答 欄

貸 借 対 照 表　（単位：千円）

純 資 産 の 部

Ⅰ　株 主 資 本

　1　資　本　金　　　　　　（　　　　　　）

　2　資 本 剰 余 金

　　⑴　資 本 準 備 金　　　　（　　　　　　）

　　　　　　　　　　　　⋮

Ⅲ〔　　　　　　　〕　　　　　（　　　　　　）

■問題 3　以下の資料に基づき、貸借対照表を作成しなさい。

〔資料 1〕　会計期間　X3年 4 月 1 日～X4年 3 月31日

〔資料 2〕　決算整理前残高試算表の一部（単位：千円）

　　　　資　本　金　450,000　　資本準備金　20,000　　仮　受　金　125,000

　　　　自　己　株　式　26,000　　新株予約権　10,000

〔資料 3〕

　　自己株式は、退職した従業員から買い取ったものであり、500株保有していたが、以下の新株予約権の権利行使に伴う交付株式にすべて充当されており、その会計処理は未済である。

　　残高試算表の新株予約権の内容は次のとおりである。

・新株予約権の目的となる株式の数　　　　　　　　2,500株（新株予約権 1 個につき 1 株）

・新株予約権の総数　　　　　　　　　　　　　　　2,500個

・新株予約権の発行に伴う払込金額の総額　　　10,000千円（新株予約権 1 個につき 4 千円）

・新株予約権の行使に伴う払込金額　　　新株予約権 1 個につき50千円

・新株予約権の権利行使期間　　　　　　X1年 4 月 1 日～X6年 3 月31日

・新株予約権の権利行使に伴う資本金組入額は、新株予約権の発行に伴う払込金額と新株予約権の行使に伴う払込金額のうちの 2 分の 1 とする。

・X3年10月 1 日に新株予約権2,000個について権利行使があり、新株を2,000株発行したが、権利行使による払込金額を仮受金に計上したままである。

・X4年 2 月 1 日に残りの新株予約権すべてについて権利行使があり、自己株式500株を交付しているが、権利行使による払込金額を仮受金に計上したままである。

解 答 欄

貸借対照表	（単位：千円）
Ⅰ　株　主　資　本	
1　資　本　金	（　　　　　）
2　資本剰余金	
(1)　資 本 準 備 金	（　　　　　）
(2)　その他資本剰余金	（　　　　　）

■問題4　以下の資料に基づき、当期（X1年4月1日～X2年3月31日）の貸借対照表及び損益計算書を作成しなさい。なお、解答金額がマイナスとなる場合には金額の前に「△」を付すこと。

＜資料1＞　決算整理前残高試算表の一部（単位：千円）

仮　払　金　　1,000　　仮　受　金　200,000　　資　本　金　600,000

資本準備金　12,500　　自　己　株　式　50,000

＜資料2＞

(1)　X1年7月1日に以下の条件で新株予約権付社債を発行したが、当社は払込金額を仮受金としている。また、発行に係る手数料については仮払金として処理をしており、支出時の費用として処理を行う。

①　社債券の額面総額　200,000千円（額面発行）

②　償還日：X6年6月30日

③　転換社債型新株予約権付社債であり、一括法により処理する。

(2)　X1年12月31日に新株予約権の20%が権利行使され、自己株式（帳簿価額35,000千円）を交付したが、未処理である。

解答欄

<table>
<tr><td colspan="3">貸借対照表　　（単位：千円）</td><td colspan="3">損益計算書　　（単位：千円）</td></tr>
<tr><td>負債の部</td><td></td><td></td><td>⋮</td><td></td><td></td></tr>
<tr><td>⋮</td><td></td><td></td><td></td><td></td><td></td></tr>
<tr><td>固定負債</td><td></td><td></td><td>営業外費用</td><td></td><td></td></tr>
<tr><td>（　　　　　）</td><td>（　　　　　）</td><td></td><td>（　　　　　）</td><td>（　　　　　）</td><td></td></tr>
<tr><td>⋮</td><td></td><td></td><td></td><td></td><td></td></tr>
<tr><td>純資産の部</td><td></td><td></td><td></td><td></td><td></td></tr>
<tr><td>株主資本</td><td></td><td></td><td></td><td></td><td></td></tr>
<tr><td>資　本　金</td><td>（　　　　　）</td><td></td><td></td><td></td><td></td></tr>
<tr><td>資本剰余金</td><td></td><td></td><td></td><td></td><td></td></tr>
<tr><td>資本準備金</td><td>（　　　　　）</td><td></td><td></td><td></td><td></td></tr>
<tr><td>（　　　　　）</td><td>（　　　　　）</td><td></td><td></td><td></td><td></td></tr>
<tr><td>⋮</td><td></td><td></td><td></td><td></td><td></td></tr>
<tr><td>自　己　株　式</td><td>（　　　　　）</td><td></td><td></td><td></td><td></td></tr>
</table>

11
社債・新株予約権等

■**問題5**　次の資料に基づき、ストック・オプションに関する事項について、貸借対照表及び損益計算書の表示科目及び金額を求めなさい。（会計期間：X1年4月1日～X2年3月31日）

＜資料＞

　当社はX1年6月の株主総会において、従業員50名に対し以下の条件のストック・オプション（新株予約権）を付与することを決議し、同年9月1日に付与した。

(1)　ストック・オプションの数：従業員1名当たり150個（合計7,500個）であり、ストック・オプションの一部行使はできないものとする。

(2)　ストック・オプションの行使により与えられる株式の数：合計7,500株（1個当たり1株）

(3)　ストック・オプションの行使時の払込金額：1株当たり72,000円

(4)　ストック・オプションの権利確定日：X3年8月31日

(5)　ストック・オプションの行使期間：X3年9月1日からX5年8月31日

(6)　付与されたストック・オプションは、他者に譲渡できない。

(7)　付与日におけるストック・オプションの公正な評価単価は、8,000円/個である。

解答欄

＜貸借対照表＞

（単位：千円）

表　示　区　分	表　示　科　目	金　　額
新　株　予　約　権	新　株　予　約　権	

＜損益計算書＞

（単位：千円）

表　示　区　分	表　示　科　目	金　　額
販売費及び一般管理費		

■問題6　次の資料により貸借対照表及び損益計算書を作成しなさい。なお、解答金額がマイナスとなる場合には金額の前に「△」を付すこと。（会計期間：X4年4月1日〜X5年3月31日）

＜資料1＞　決算整理前残高試算表の一部（単位：千円）

仮 受 金　514,250　　資 本 金 8,000,000　　資本準備金　85,000

自 己 株 式　340,000　　新株予約権　37,730

＜資料2＞

1　ストック・オプションに関する事項

　　新株予約権は以前に開催された株主総会の決議において、従業員120名に対し、以下の条件により付与したストック・オプションに係るものである。

　⑴　ストック・オプションの数：従業員1名当たり110個（合計13,200個）

　　　なお、一部行使はできないものとする。

　⑵　付与日におけるストック・オプションの公正な評価単価：3,500円/個

　⑶　権利確定日：X4年6月30日

　⑷　権利行使期間：X4年7月1日からX6年6月30日

　⑸　権利行使により与えられる株式の数：13,200株（1個当たり1株）

　⑹　権利行使に伴う払込金額：1株当たり55,000円

　⑺　権利確定日であるX4年6月30日までの実際の退職者は8名であった。

　⑻　権利行使を受けたことに伴い新株式を交付するときは、権利行使に伴う払込金額及び行使された新株予約権の金額の合計額を資本金に計上する。

　　　なお、当該ストック・オプションに係る過去の処理は適正に行われているが、当期に係る処理については未処理である。

2　仮受金に関する事項

　　仮受金の内訳は次のとおりである。

　⑴　X4年12月15日に35名のストック・オプションの行使を受けたことにより新株式を交付した際に払い込まれた金額が211,750千円。

　⑵　X5年2月18日に50名のストック・オプションの行使を受けたことにより、自己株式（帳簿価額　320,000千円）を交付した際に払い込まれた金額が302,500千円。

貸借対照表　　（単位：千円）　　　　　　　損益計算書　　（単位：千円）

純資産の部　　　　　　　　　　　　販売費及び一般管理費

株 主 資 本　　　　　　　　　　　　　　　（　　　　　　　）　（　　　　　　）

　資 本 金　　　　　　　　（　　　　　　）

　資本剰余金

　　資本準備金　　　　　　　　　85,000

　　（　　　　　　）　（　　　　　　）

　　　　　　　　　　　　⋮

　自 己 株 式　　　　　　　（　　　　　　）

　　　　　　　　　　　　⋮

新株予約権　　　　　　　　（　　　　　　）

第12回　製造業会計

■問題１　次の資料により、製造原価報告書及び損益計算書の一部（売上総利益まで）を完成させなさい。

＜資料Ⅰ＞

残高試算表（一部）　　　（単位：千円）

製　　　　　品	204,000	製　品　売　上	3,290,000
仕　　掛　　品	348,000		
材　　　　　料	120,000		
貯　　蔵　　品	39,000		
材　料　仕　入	1,533,000		
賃　金　給　料	560,000		
法　定　福　利　費	26,000		
福　利　厚　生　費	20,000		
賞　与　引　当　金　繰　入	69,000		
退　職　給　付　費　用	42,000		
減　価　償　却　費	310,000		
修　　繕　　費	50,000		
水　道　光　熱　費	570,000		

＜資料Ⅱ＞

１．棚卸資産の期末残高の内訳は次のとおりである。

摘　　　要	実地棚卸高	帳簿棚卸高	差　　額	差額の内訳等
製　　品	360,000千円	360,000千円	――	―――
仕　掛　品	製品2,000個分	――	――	下記①参照
材　　料	222,000千円	230,000千円	8,000千円	差額のうち、7,000千円は原価性のある棚卸減耗であり、1,000千円は製造に関連し不可避的に発生した収益性の低下によるものであるため、製造原価報告書の経費として処理する。
貯　蔵　品	42,000千円	――	――	工場消耗品の期末未使用分である。

① 期末実地棚卸により残高を確定しており、期末評価額は材料費については製品原価の材料費相当額の100%、加工費については製品原価の加工費相当額の50%とする。

なお、製品1個当たりの原価構成は、材料費100千円及び加工費80千円である。

② 残高試算表の製品、仕掛品及び材料の残高は前期末残高であり、貯蔵品については工場消耗品の前期末残高である。なお、工場消耗品の当期購入分については、材料仕入に含まれている。

2．賃金給料、法定福利費、福利厚生費、賞与引当金繰入、退職給付費用の金額に対する製造部門の負担割合は70%とする。なお、製造部門の福利厚生費は経費として処理すること。

3．減価償却費の内訳

製造部門　232,100千円　　販売管理部門　77,900千円

4．修繕費は製造用機械装置に対するものである。

5．水道光熱費の金額に対する製造部門の負担割合は80%とする。

解 答 欄

```
              製造原価報告書        （単位：千円）
  Ⅰ 材  料  費        （              ）
  Ⅱ 労  務  費        （              ）
  Ⅲ 経      費        （              ）
     当 期 総 製 造 費 用  （              ）
     期 首 仕 掛 品 棚 卸 高  （              ）
        合      計        （              ）
     期 末 仕 掛 品 棚 卸 高  （              ）
     当 期 製 品 製 造 原 価  （              ）
```

```
              損 益 計 算 書        （単位：千円）
  Ⅰ 売   上   高                    3,290,000
  Ⅱ 売  上  原  価
     期 首 製 品 棚 卸 高  （          ）
     当 期 製 品 製 造 原 価  （          ）
        合      計        （          ）
     期 末 製 品 棚 卸 高  （          ） （              ）
        売 上 総 利 益                （              ）
```

■問題2　下記の資料に基づき、期末仕掛品の評価を(1)平均法、(2)先入先出法により行いなさい。
　　　　なお、材料は製造工程の始点において全て投入されている。

＜資料1＞

残高試算表（一部）	（単位：千円）
繰　越　仕　掛　品　　1,278,780	
繰　越　材　料　　2,100,000	
材　料　仕　入　　13,351,020	
賃　　　　　金　　6,300,000	
製　造　経　費　　4,142,400	

＜資料2＞　決算整理事項

　1．期末材料棚卸高　1,950,000千円

　2．期首仕掛品数量　　120個（完成割合　50%）

　　　期首仕掛品原価の内訳　材料費825,180千円、加工費453,600千円

　　　当期完成品数量　1,110個

　　　期末仕掛品数量　　150個（完成割合　60%）

解答欄

(1)	平　　均　　法	千円

(2)	先　入　先　出　法	千円

第13回　研究開発費等

■**問題1**　以下の資料に基づいて、貸借対照表及び損益計算書の表示科目及び金額を求めなさい。

＜資料Ⅰ＞　決算整理前残高試算表の一部

仮　　払　　金	2,300千円
前　　渡　　金	1,500千円
機　械　装　置	3,560千円
研　究　開　発　費	3,250千円
建　設　仮　勘　定	2,000千円

＜資料Ⅱ＞　その他の資料

1. 仮払金は、当期12月に営業関係のソフトウェアの購入に当たって支出した金額であり、ソフトウェア代2,000千円、設定作業及び当社の仕様に合わせるための費用200千円及び操作研修のための講師派遣費用100千円の合計額である。当該ソフトウェアは、翌月から使用しており、また、このソフトウェアの導入によって費用削減は確実と認められる。なお、取得原価に含めないものについては雑費として処理する。このソフトウェアの取得に要した支出額は、定額法により見込利用可能期間である5年で償却すること。

2. 前渡金は、外部に研究開発を委託した際に支払った契約金であり、当期中にすべての役務の提供を受け、検収が完了している。

3. 機械装置は当期に購入したものの取得原価であり、特定の研究開発のためのみに使用し、他の目的に使用できないものである。

4. 建設仮勘定は、当期3月1日に購入した機械装置であり、特定の研究開発目的に使用された後に他の目的に使用できるものである。なお、使用開始はX2年6月以降の見込みである。

5. 研究開発費は、販売費及び一般管理費に表示する。

6. 会計期間：X1年4月1日～X2年3月31日

解答欄

＜貸借対照表＞

（単位：千円）

表　示　区　分	表　示　科　目	金　　額
有　形　固　定　資　産	機　械　装　置	
無　形　固　定　資　産	ソ　フ　ト　ウ　ェ　ア	

＜損益計算書＞

（単位：千円）

表　示　区　分	表　示　科　目	金　　額
販売費及び一般管理費		
販売費及び一般管理費		
販売費及び一般管理費		

■問題2　下記の資料により貸借対照表及び損益計算書を作成しなさい。

（会計期間：X3年4月1日～X4年3月31日）

〔資料Ⅰ〕　決算整理前残高試算表の一部（単位：千円）

　　　ソフトウェア　54,670

〔資料Ⅱ〕

　ソフトウェアの内訳は次のとおりであるが、償却計算は未了である。いずれも社内利用目的であり、その利用により将来の費用削減が確実と認められ、償却期間は5年である。

（単位：千円）

区分	利用開始時期	取得原価	前期末帳簿価額
Aソフトウェア	X3年2月	各自推定	27,840
Bソフトウェア	X2年3月	各自推定	19,270
Cソフトウェア	制作途中	7,560	―

解答欄

貸借対照表
X4年3月31日　　　　　　　　　（単位：千円）

```
Ⅱ　固定資産
  2　無形固定資産
    (            )  (            )
    (            )  (            )
```

損益計算書
自X3年4月1日
至X4年3月31日　　　（単位：千円）

　　　　　　　　　⋮

```
Ⅲ　販売費及び一般管理費
    (            )              (            )
```

第14回　会社法規定等

■問題1

【設問1】　以下の資料1から資料3に基づき、配当等の効力発生日の剰余金の額及び分配可能額を計算しなさい。（会計期間：X1年4月1日～X2年3月31日）

<資料1>　前期末の貸借対照表

貸 借 対 照 表

X1年3月31日現在　　　　　（単位：千円）

諸　　資　　産	919,500	諸　　負　　債	560,000
		資　　本　　金	200,000
		資 本 準 備 金	25,000
		その他資本剰余金	12,000
		利 益 準 備 金	6,000
		その他利益剰余金	120,000
		自　己　株　式	△2,000
		その他有価証券評価差額金	△1,500

<資料2>　前事業年度の末日後配当等の効力発生日までにその他資本剰余金2,000千円を資本金に組入れている。

<資料3>　のれん等調整額については、分配可能額の算定上考慮しないものとする。

【設問2】　上記【設問1】において、前事業年度末日後配当等の効力発生日までに自己株式800千円（帳簿価額）を1,300千円で処分した場合における配当等の効力発生日の剰余金の額及び分配可能額を計算しなさい。

解 答 欄

【設問1】

剰 余 金 の 額	千円

分 配 可 能 額	千円

【設問2】

剰 余 金 の 額	千円

分 配 可 能 額	千円

第15回　収益認識

■問題1　次の資料に基づいて、貸借対照表及び損益計算書を作成しなさい。なお、消費税等について考慮する必要はない。

（会計期間：X1年4月1日～X2年3月31日）

＜資料1＞　決算整理前残高試算表（一部）

決算整理前残高試算表			（単位：千円）
売　掛　金	6,500	売　上　高	57,600

＜資料2＞　決算整理事項等

1．商品販売に関する事項

(1)　当社はX2年3月1日に得意先A社との間で商品を1個当たり300千円で販売する契約を締結した。この契約における対価には変動性があり、A社がX2年8月31日までに60個超の商品を購入する場合には、単価を1個当たり200千円に遡及的に減額すると定めている。

(2)　X2年3月中に当社はA社に対して商品12個を販売し、以下の処理を行っている。

（売　掛　金）　3,600千円　　（売　上　高）　3,600千円

(3)　当社はX2年8月31日までのA社の購入数量は60個を超えるであろうと見積り、1個あたりの価格を200千円に減額することが必要になると判断した。リベートとしてA社に提供されると予想される金額は返金負債として計上するものとする。

解答欄

貸　借　対　照　表

X2年3月31日現在　　　　　（単位：千円）

科　目	金　額	科　目	金　額
流動資産		流動負債	
売　掛　金	（　　　　）	（　　　　　　）	（　　　　）

損　益　計　算　書

自X1年4月1日　至X2年3月31日　　　　（単位：千円）

科　目	金　額
売　上　高	（　　　　　　）

■問題 2　次の資料に基づいて、貸借対照表及び損益計算書を作成しなさい。なお、消費税等について考慮する必要はない。計算により生じた千円未満の端数は四捨五入するものとする。

（会計期間：X1年 4 月 1 日〜X2年 3 月31日）

＜資料 1 ＞　決算整理前残高試算表（一部）

決算整理前残高試算表　　　　（単位：千円）

科目	金額
仮　　受　　金	60,000
売　　　　　　上	1,400,000

＜資料 2 ＞　決算整理事項等

1．当社は当期より、顧客が当社の A 商品を購入するごとにポイントを顧客に付与するカスタマー・ロイヤルティ・プログラムを提供している。顧客はポイントを使用して、当社の商品を購入する際に 1 ポイント当たり100円の値引きを受けることができる。

2．当期中に、当社は顧客に対し A 商品60,000千円を現金で販売し、6,000ポイントを付与した。顧客に販売した A 商品の独立販売価格は60,000千円であった。

3．当社は A 商品の販売時点で、将来5,700ポイントが使用されると見込んだ。当社は顧客により使用される可能性を考慮して、1 ポイント当たりの独立販売価格を95円（合計額は570千円）と見積った。

4．当社は A 商品の販売代金60,000千円を仮受金として計上したのみである。なお、当期中に使用されたポイントは2,500ポイントであった。また、当期末において将来使用されると見込むポイント総数に変更は生じていない。

5．取引価格のうち、ポイントに対して配分された金額の残高は、契約負債として計上するものとする。

解 答 欄

貸 借 対 照 表
X2年 3 月31日現在　　　　（単位：千円）

科　　目	金　額	科　　目	金　額
		流動負債	
		（　　　　　　　）	（　　　　）

損 益 計 算 書
自X1年 4 月 1 日　至X2年 3 月31日　　　　（単位：千円）

科　　目	金　　額
売　　上　　高	（　　　　）

■問題3　次の各設問に答えなさい。なお、消費税等について考慮する必要はない。

≪設問1≫

次の資料に基づいて、貸借対照表及び損益計算書を作成しなさい。

（会計期間：X1年4月1日～X2年3月31日）

<資料1>　決算整理前残高試算表（一部）

決算整理前残高試算表			（単位：千円）
売　掛　金	7,700	売　上　高	526,000

<資料2>　決算整理事項等

1．当社はX2年3月1日に、甲社との間でA商品及びB商品を合わせて2,800千円で販売する契約を締結した。当該契約では、まずA商品を引渡し、A商品の引渡しに対する支払はB商品の引渡しを条件とすると定められている。したがって、当社は、A商品とB商品の両方が顧客に移転されるまで、対価に対する無条件の権利（顧客との契約から生じた債権）を有さない。

2．当社は、A商品とB商品を移転する約束のそれぞれを履行義務として識別し、両者の独立販売価格に基づいて、A商品を移転する履行義務に1,250千円、B商品を移転する履行義務に1,550千円を配分する。

3．当社はX2年3月中にA商品を甲社に引渡した際に、以下の処理を行った。

　　（売　　掛　　金）　1,250千円　　（売　　上　　高）　1,250千円

4．期末日現在、B商品の引渡しは行われていない。なお、貸借対照表上、契約資産と顧客との契約から生じた債権は区分して表示する。

解答欄

貸　借　対　照　表

X2年3月31日現在　　　　　　（単位：千円）

科　　目	金　額	科　　目	金　額
流動資産			
売　掛　金	（　　　　　）		
（　　　　　　　）	（　　　　　）		

損　益　計　算　書

自X1年4月1日　至X2年3月31日　　　（単位：千円）

科　　目	金　　額
売　　上　　高	（　　　　　　）

≪設問2≫

  ≪設問1≫に基づいて、次の取引の仕訳を答えなさい。

・当社はX2年4月に甲社に対してB商品の引渡しを行い、対価に対する無条件の権利を得た。

解 答 欄

（単位：千円）

借　　方	金　　額	貸　　方	金　　額

重要度Ｂ　標準時間10分

■問題１　下記の資料に基づいて、間接法によるキャッシュ・フロー計算書を作成しなさい。

〔資料１〕　解答留意事項

1．売上債権の増加額は、貸倒引当金控除前の金額により算定する。

2．金額の重要性は考慮しないこと。

3．貸借対照表及び損益計算書の作成における処理は適正に行われている。

4．キャッシュ・フロー計算書上、減算する項目には、「△」の符号を付すこと。

5．仕入、売上はすべて掛で取引が行われている。

〔資料２〕　貸借対照表及び損益計算書

貸借対照表　　　　　　（単位：千円）

		前　期	当　期
資産	現　金　及　び　預　金	177,000	155,000
	売　　　　掛　　　　金	1,300,000	1,420,000
	貸　倒　引　当　金	△　　13,000	△　　14,200
	有　価　証　券	320,000	350,000
	商　　　　　　　　品	560,000	536,000
	貸　　　付　　　金	500,000	400,000
	未　　収　　収　　益	3,750	3,000
	有　形　固　定　資　産	240,000	200,000
	減　価　償　却　累　計　額	△　　72,000	△　　64,800
	資　産　合　計	3,015,750	2,985,000
負債	買　　　掛　　　金	1,041,000	1,048,250
	借　　　入　　　金	710,000	670,000
	未　払　法　人　税　等	15,000	13,000
	負　債　合　計	1,766,000	1,731,250
純資産	資　　本　　金	800,000	800,000
	資　本　剰　余　金	323,500	323,500
	利　益　剰　余　金	126,250	130,250
	純　資　産　合　計	1,249,750	1,253,750
	負債・純資産合計	3,015,750	2,985,000

損益計算書　　　　　　　　（単位：千円）

売　上　高		16,130,000
売　上　原　価		15,900,000
売　上　総　利　益		230,000
販売費及び一般管理費		
給　料　手　当	66,800	
減　価　償　却　費	1,800	
貸倒引当金繰入	1,200	
そ　の　他	90,500	160,300
営　業　利　益		69,700
営　業　外　収　益		
受取利息及び受取配当金		27,600
営　業　外　費　用		
支　払　利　息		32,300
経　常　利　益		65,000
特　別　利　益		
有形固定資産売却益		5,000
税引前当期純利益		70,000
法　人　税　等		28,000
当　期　純　利　益		42,000

〔資料3〕　その他の資料

1．前期貸借対照表の現金及び預金は、手許現金、当座預金及び期間3ケ月の定期預金である。また、当期貸借対照表の現金及び預金には、当期に預入れた3ケ月を超える定期預金1,000千円が含まれている。

2．前期貸借対照表の貸付金のうち100,000千円の返済を受けている。また、借入金のうち40,000千円の返済を国内の借入先に対して行っている。なお、期中に新たな貸付け及び借入れを行った事実はない。

3．期中に有価証券30,000千円を取得し、現金を支払っている。

4．貸借対照表の未収収益は、すべて受取利息の見越計上額である。

5．前期貸借対照表の未払法人税等は期中に納付済みである。

6．損益計算書の有形固定資産売却益は、期首に建物（取得原価40,000千円、期首減価償却累計額9,000千円）を36,000千円で売却したことによるものである。また、これ以外に期中における建物の売買の事実はない。

7．配当金38,000千円を期中に支払っている。

解答欄

<間接法によるキャッシュ・フロー計算書>

キャッシュ・フロー計算書 （単位：千円）

I 営業活動によるキャッシュ・フロー

税引前当期純利益 （　　　　）

減価償却費 （　　　　）

貸倒引当金の（　　　　） （　　　　）

受取利息及び受取配当金 （　　　　）

支払利息 （　　　　）

有形固定資産売却益 （　　　　）

売上債権の増加額 （　　　　）

棚卸資産の減少額 （　　　　）

仕入債務の増加額 （　　　　）

小 計 （　　　　）

利息及び配当金の受取額 （　　　　）

利息の支払額 （　　　　）

法人税等の支払額 （　　　　）

営業活動によるキャッシュ・フロー （　　　　）

II （　　　　）によるキャッシュ・フロー

有価証券の取得による支出 （　　　　）

有形固定資産の売却による収入 （　　　　）

貸付金の回収による収入 （　　　　）

定期預金の預入による支出 （　　　　）

（　　　　）によるキャッシュ・フロー （　　　　）

III （　　　　）によるキャッシュ・フロー

借入金の返済による支出 （　　　　）

配当金の支払額 （　　　　）

（　　　　）によるキャッシュ・フロー （　　　　）

IV 現金及び現金同等物の減少額 （　　　　）

V 現金及び現金同等物の期首残高 （　　　　）

VI 現金及び現金同等物の期末残高 （　　　　）

16 その他特殊項目

■問題2

問1　甲社と乙社は当期首において、次の条件で合併に合意した。よって、以下の資料により甲社の合併時の仕訳を答えなさい。（会計期間：X1年 4 月 1 日〜X2年 3 月31日）

＜資料1＞　甲社及び乙社の合併直前貸借対照表

甲社	貸　借　対　照　表	（単位：千円）	
諸　　資　　産	120,000	諸　　負　　債	70,000
		資　　本　　金	30,000
		利　益　剰　余　金	20,000
	120,000		120,000

乙社	貸　借　対　照　表	（単位：千円）	
諸　　資　　産	80,000	諸　　負　　債	50,000
		資　　本　　金	10,000
		利　益　剰　余　金	20,000
	80,000		80,000

＜資料2＞

(1) 吸収合併存続会社は甲社であり、吸収合併消滅会社は乙社である。当該企業結合は甲社が取得企業となった。

(2) 乙社株主に割り当てる甲社の株式数は90千株であり、合併に関する企業結合日時点における甲社の株価は 1 株あたり500円である。

(3) 合併期日における乙社の識別可能資産及び負債の時価は、90,000千円及び50,000千円である。

(4) 甲社は、増加すべき資本の全額を資本金として計上する。

(5) のれんの会計処理については、定額法により20年で償却する。

問2

当期ののれん償却額を算定しなさい。

解 答 欄

問1

（単位：千円）

借　　方	金　　額	貸　　方	金　　額

問2

の　れ　ん　償　却	千円

■問題３　会社分割について以下の資料及び解答欄に基づき、それぞれの設問に答えなさい。なお、移転損益がない場合には、金額欄に「－」を記入すること。

＜資料＞

① X社は、ｂ事業に係る資産、負債を会社分割によりY社に譲り渡した。なお、当該会社分割前にX社とY社の間には、資本関係はなかった。

② 当該会社分割はY社が取得企業、X社が被取得企業とされた。

③ X社のｂ事業に係る識別可能資産及び負債の金額

	帳簿価額	時価
諸資産	600,000	620,000
諸負債	400,000	400,000

④ Y社は当該会社分割前に株式を150,000株発行している。

⑤ 会社分割時のY社株式の時価は１株あたり14千円である。

【設問１】　Y社がX社に新たに交付したY社株式が、20,000株であった場合のX社側におけるY社株式及び移転損益について、表示区分、表示科目及び金額を示しなさい。なお、X社は当該Y社株式をその他有価証券として保有するが、期末評価については考慮しないものとする。

【設問２】　Y社がX社に新たに交付したY社株式が、50,000株であった場合のX社側におけるY社株式及び移転損益について、表示区分、表示科目及び金額を示しなさい。

解答欄

【設問１】

Y社株式　　　　　　　　　　　　　　　　　　　　　　（単位：千円）

表　示　区　分	表　示　科　目	金　　額

移転損益　　　　　　　　　　　　　　　　　　　　　　（単位：千円）

表　示　区　分	表　示　科　目	金　　額

【設問２】

Y社株式　　　　　　　　　　　　　　　　　　　　　　（単位：千円）

表　示　区　分	表　示　科　目	金　　額

移転損益　　　　　　　　　　　　　　　　　　　　　　（単位：千円）

表　示　区　分	表　示　科　目	金　　額

■**問題4**　次の資料に基づき、取得日における連結貸借対照表を作成しなさい（連結決算日：3月31日）。なお、解答に当たっては税効果会計を考慮する必要はない。

＜資料＞

　X1年3月31日に、S社株式（議決権株式所有割合90％）を40,000千円で取得した。同日におけるP社及びS社の個別貸借対照表は以下のとおりである。なお、S社の諸資産は帳簿価額よりも時価の方が3,000千円高くなっている。

P社　　　　　　　　　個別貸借対照表　　　　　（単位：千円）

諸　資　産	177,400	諸　　負　　債	36,000
S 社 株 式	40,000	資　　本　　金	100,000
		利 益 剰 余 金	81,400
	217,400		217,400

S社　　　　　　　　　個別貸借対照表　　　　　（単位：千円）

諸　資　産	54,000	諸　　負　　債	18,000
		資　　本　　金	20,000
		利 益 剰 余 金	16,000
	54,000		54,000

解答欄

P社　　　　　　　　　連結貸借対照表　　　　　（単位：千円）

諸　資　産	（　　　）	諸　　負　　債	（　　　）
の　れ　ん	（　　　）	資　　本　　金	（　　　）
		利 益 剰 余 金	（　　　）
		（　　　　　）	（　　　）
資 産 合 計	（　　　）	負債・純資産合計	（　　　）

■**問題5**　次の資料に基づき、連結第1年度における連結財務諸表を作成しなさい（会計期間：X1年4月1日～X2年3月31日）。なお、解答に当たっては税効果会計を考慮する必要はない。

＜資料1＞　X2年3月31日における個別財務諸表

貸　借　対　照　表　　　　　　　　　（単位：千円）

科　　目	P　社	S　社	科　　目	P　社	S　社
諸　資　産	109,500	37,750	諸　負　債	30,000	7,500
S 社 株 式	30,000	―	資　本　金	81,000	22,500
			利 益 準 備 金	12,000	3,000
			繰越利益剰余金	16,500	4,750
合　　計	139,500	37,750	合　　計	139,500	37,750

損　益　計　算　書　　　　　　　　　（単位：千円）

科　　目	P　社	S　社	科　　目	P　社	S　社
売 上 原 価	180,000	54,000	売　上　高	225,000	67,500
販　売　費	30,450	8,670	受 取 配 当 金	1,600	―
法 人 税 等	4,900	1,380			
当 期 純 利 益	11,250	3,450			
合　　計	226,600	67,500	合　　計	226,600	67,500

株主資本等変動計算書　　　　　　　　（単位：千円）

	P 社			S 社		
	資 本 金	利益剰余金	株主資本合計	資 本 金	利益剰余金	株主資本合計
当期首残高	81,000	23,250	104,250	22,500	6,300	28,800
当期変動額						
剰余金の配当		△6,000	△6,000		△2,000	△2,000
当期純利益		11,250	11,250		3,450	3,450
当期変動額合計	―	5,250	5,250	―	1,450	1,450
当期末残高	81,000	28,500	109,500	22,500	7,750	30,250

＜資料2＞　連結に関する事項

1．P社は、X1年3月31日にS社株式を30,000千円（議決権株式所有割合80％）で取得した。なお、同日におけるS社の諸資産のうち7,500千円は土地であり、時価は8,750千円であった。

2．のれんは、発生年度の翌年度から20年で定額法により償却を行う。

P社 　　　　　　　　　連 結 貸 借 対 照 表 　　　（単位：千円）

諸 資 産	（　　　）	諸 負 債	（　　　）
の れ ん	（　　　）	資 本 金	（　　　）
		利 益 剰 余 金	（　　　）
		（　　　　　）	（　　　）
資 産 合 計	（　　　）	負債・純資産合計	（　　　）

連 結 損 益 計 算 書

P社 　　　　　　　　　　　　　　　　　　　（単位：千円）

売　　上　　高		（　　　）
売　上　原　価		（　　　）
売　上　総　利　益		（　　　）
販売費及び一般管理費		
販　　売　　費	（　　　　）	
の　れ　ん　償　却	（　　　　）	（　　　）
税金等調整前当期純利益		（　　　）
法　人　税　等		（　　　）
当　期　純　利　益		（　　　）
非支配株主に帰属する 当　期　純　利　益		（　　　）
親会社株主に帰属する 当　期　純　利　益		（　　　）

解答・解説編

第1回　財務諸表等・その他の基本項目

■問題1

解答

	番号記入欄
重要な会計方針に係る事項に関する注記	① ② ⑩
貸借対照表等に関する注記	④ ⑤ ⑦ ⑧ ⑨
損益計算書に関する注記	⑥

解説

1．重要な会計方針に係る事項に関する注記

　① 棚卸資産の評価基準及び評価方法

　② 固定資産の減価償却方法

　⑩ 有価証券の評価基準及び評価方法

2．貸借対照表等に関する注記

　④ 取締役、監査役及び執行役との間の取引による取締役、監査役及び執行役に対する金銭債権の総額

　⑤ 手形遡求義務の内容及び金額

　⑦ 資産が担保に供されている旨、その資産の内容及びその金額、担保に係る債務の金額

　⑧ 保証債務の内容及び金額

　⑨ 取締役、監査役及び執行役との間の取引による取締役、監査役及び執行役に対する金銭債務の総額

3．損益計算書に関する注記

　⑥ 関係会社との営業取引による取引高の総額

4．いずれにも該当しないもの

　③

■問題2

解答

問1

貸　借　対　照　表		（単位：千円）		
Ⅰ　流　動　資　産			Ⅰ　流　動　負　債	
受　取　手　形	（ 8,000）		支　払　手　形	（ 6,000）
（関係会社受取手形）	（ 2,000）		（関係会社支払手形）	（ 4,000）
売　掛　金	（ 5,000）		買　掛　金	（17,000）
（関係会社売掛金）	（ 5,000）		（関係会社買掛金）	（ 3,000）
短　期　貸　付　金	（20,000）		短　期　借　入　金	（ 4,000）
前　渡　金	（ 1,000）		（関係会社短期借入金）	（ 6,000）
			前　受　金	（ 500）

問2

貸　借　対　照　表		（単位：千円）		
Ⅰ　流　動　資　産			Ⅰ　流　動　負　債	
受　取　手　形	（10,000）		支　払　手　形	（10,000）
売　掛　金	（10,000）		買　掛　金	（20,000）
短　期　貸　付　金	（20,000）		短　期　借　入　金	（10,000）
前　渡　金	（ 1,000）		前　受　金	（ 500）

※　科目別注記方式

〈貸借対照表等に関する注記〉

　1．関係会社に対する受取手形は2,000千円、売掛金は5,000千円、支払手形は4,000千円、買
　　掛金は3,000千円、短期借入金は6,000千円である。

※　一括注記方式

〈貸借対照表等に関する注記〉

　1．関係会社に対する短期金銭債権は7,000千円、短期金銭債務は13,000千円である。

解　説

　A社は当社の議決権の50％超（51％）を所有しているため親会社に該当し、当社はB社の議決権の50％超（51％）を所有しているためB社は子会社に該当し、いずれも当社の関係会社に該当する。

　関係会社に対する金銭債権又は金銭債務の表示は、以下の方法が認められている。

① 独立科目表示

　　関係会社に対する金銭債権・金銭債務をその金銭債権・金銭債務が属する項目ごとに、他の金銭債権・金銭債務と区分して表示する。

② 科目別注記方式・一括注記方式

　　科目別注記方式とは、貸借対照表上、関係会社に対する金銭債権・金銭債務は他の会社に対する金銭債権・金銭債務に含めて表示し、個々の科目ごとに注記する方法である。

　　一括注記方式とは、貸借対照表上は科目別注記方式と同じ扱いとなるが、関係会社に対する金銭債権・金銭債務を科目別ではなく、各区分ごとに注記する方法である。

■問題3

解答

貸 借 対 照 表

X3年3月31日現在　　　　　　　　（単位：千円）

資 産 の 部		負 債 の 部	
Ⅰ　流 動 資 産		Ⅰ　流 動 負 債	
（現金及び預金）	（　56,750）	（買　掛　金）	（　12,053）
（商　　　品）	（　70,000）	（短 期 借 入 金）	（　795）
（短 期 貸 付 金）	（　3,600）	（未　払　金）	（　220）
Ⅱ　固 定 資 産			
3　投資その他の資産			
（長 期 貸 付 金）	（　3,900）		
（長 期 性 預 金）	（　16,950）		

解説　（単位：千円）

(1)①　（預　　　　　金）　　220　　（未　　払　　金）　　220
　　②　（預　　　　　金）　　　53　　（買　　掛　　金）　　　53

　未渡小切手は預金に含まれる。

　貸借対照表上、これらは「現金及び預金」として表示する。

(2)①・当座勘定残高

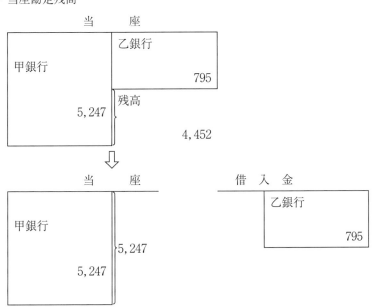

当座借越795は、現金及び預金に加算するとともに流動負債に短期借入金として表示する。

② 満期日が貸借対照表日の翌日から起算して1年以内に到来するので、流動資産に「現金及び預金」として表示する。

③ 満期日が貸借対照表日の翌日から起算して1年を超えて到来するので、投資その他の資産に「長期性預金」として表示する。

④ 投資その他の資産に「長期性預金」として表示する。

(3) 貸付金

短期貸付金 300×12ケ月$= 3,600$

長期貸付金 $7,500 - 3,600 = 3,900$

■問題4

解答

貸 借 対 照 表

X2年3月31日現在 　　　　　　（単位：千円）

資 産 の 部		負 債 の 部	
I 流 動 資 産		I 流 動 負 債	
（現金及び預金）（	140,000)	（買 掛 金）（	5,500)
（受 取 手 形）（	2,000)	（短 期 借 入 金）（	29,500)
II 固 定 資 産			
3 投資その他の資産			
（長 期 性 預 金）（	30,000)		

解 説 （単位：千円）

(2) 当座借越・未渡小切手

・当座残高

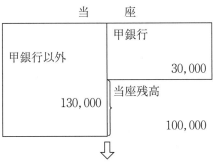

⬇

・未渡小切手の修正処理

| （現 金 及 び 預 金） | 500 | （買 　 掛 　 金） | 500 |

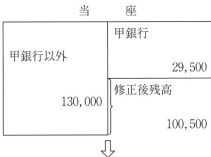

⬇

・未渡小切手処理後

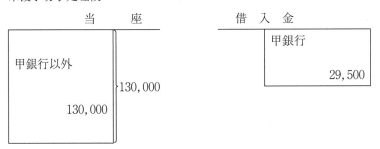

　当座借越29,500（適正額）は、現金及び預金に加算するとともに流動負債に短期借入金として表示する。

(3) 定期預金

　貸借対照表日の翌日から起算して1年を超えて満期日が到来するため、投資その他の資産に長期性預金として表示する。

(4) 他社振出小切手

| （受 　 取 　 手 　 形） | 2,000 | （現 金 及 び 預 金） | 2,000 |

　他人振出の小切手であるが、振出日が翌期以降である先日付小切手のため受取手形として表示する。

■問題5

解答

貸 借 対 照 表
X2年3月31日現在　　　　　（単位：千円）

I　流　動　資　産			I　流　動　負　債		
（商　　　　品）	（	20,000)	（前　受　収　益）	（	300)
（前　払　費　用）	（	800)	（未　払　費　用）	（	500)
（未　収　収　益）	（	1,000)	（未払法人税等）	（	16,866)

損　益　計　算　書
自X1年4月1日
至X2年3月31日　　（単位：千円）

I　売　　上　　高		（ 180,000)	IV　営　業　外　収　益			
II　売　上　原　価			受　取　利　息	（ 3,000)		
期首商品棚卸高	（ 15,000)		受　取　家　賃	（ 4,500)		
当期商品仕入高	（ 115,000)		（仕　入　割　引）	（ 5,000)	（ 12,500)	
合　　　　計	（ 130,000)		V　営　業　外　費　用			
期末商品棚卸高	（ 20,000)	（ 110,000)	支　払　利　息	2,000	2,000	
売上総利益		（ 70,000)	経　常　利　益		（ 59,056)	
III　販売費及び 　一般管理費			VI　特　別　利　益		5,000	
給　料　手　当	（ 10,500)		VII　特　別　損　失		100	
支　払　保　険　料	（ 7,200)		税引前当期純利益		（ 63,956)	
租　税　公　課	（ 2,174)		法人税、住民税 　及　び　事　業　税		（ 25,582)	
雑　　　　費	（ 1,570)	（ 21,444)	法人税、住民税及 　び事業税追徴税額		（ 276)	
営　業　利　益		（ 48,556)	当　期　純　利　益		（ 38,098)	

解 説 （単位：千円）

(1) 仕入割引は、仕入から控除せず、営業外収益に表示する。

また、残高試算表に売上値引があるため、売上から、値引を控除する。

(2) 省略

(3)① 給料手当に未払分500を加算するとともに流動負債に未払費用として表示する。

　② 受取利息に見越し分1,000を加算するとともに流動資産に未収収益として表示する。

　③ 受取家賃から前受分300を控除するとともに流動負債に前受収益として表示する。

　④ 支払保険料2,400のうち、前払分800（＝$2,400 \times \dfrac{2 \text{ケ月}}{6 \text{ケ月}}$）を控除するとともに流動資産に前払費用として表示する。

(4)① 法人税、住民税及び事業税の次に表示する。

　② 租税公課として表示する。

(5) 租税公課として表示する。

(6) 法人税、住民税及び事業税として表示する。ただし、事業税に係る外形基準部分については租税公課として表示する。

| （租　税　公　課） | 1,284 | （仮　　払　　金） | 10,000 |
| （法　人　税　等） | 25,582※ | （未 払 法 人 税 等） | 16,866 差額 |

※　$26,866 - 1,284 = 25,582$

■問題6

解答

貸　借　対　照　表

X2年3月31日現在　　　　　　　　（単位：千円）

資　産　の　部		負　債　の　部	
Ⅰ　流　動　資　産		Ⅰ　流　動　負　債	
受　取　手　形	（ 2,472,800)	支　払　手　形	（ 1,921,400)
（営業外受取手形）	（ 779,900)	（営業外支払手形）	（ 92,400)
Ⅱ　固　定　資　産		Ⅱ　固　定　負　債	
3　投資その他の資産		（長　期　借　入　金）	（ 700,000)
（破産更生債権等）	（ 919,100)	（長期営業外支払手形）	（ 277,200)

解説　（単位：千円）

1．受取手形

```
              ┌営業取引によって生じたもの………受取手形
        ┌商業手形│営業外取引（固定資産や有価証券の売却など）
        │     │によって生じたもの………┌営業外受取手形
受取手形 │     └             └長期営業外受取手形
        │
        └金融手形（資金貸付により生じたもの）………┌短期貸付金
                                    └長期貸付金
```

※　ただし、異常な債権に該当する受取手形については、正常なものと区別して「破産更生債権等」
として表示する。

(1)　有価証券売却の際、受け取った手形は1年基準の適用をうけ、期日が貸借対照表日の翌日から
起算して1年以内に到来するものであるため流動資産に営業外受取手形として表示する。

(2)　手形交換所の取引停止処分を受けた会社から受け取った手形は1年基準の適用をうけ、1年以
内に回収されないため投資その他の資産に「破産更生債権等」として表示する。

(3)　商品販売により受け取った手形は、営業上の取引により生じたものであるため、1年基準では
なく、正常営業循環基準の適用をうけ、流動資産に受取手形として表示する。

2．支払手形

支払手形
- 商業手形
  - 営業取引によって生じたもの………支払手形
  - 営業外取引（固定資産や有価証券の購入など）によって生じたもの………
    - 営業外支払手形
    - 長期営業外支払手形
- 金融手形（資金借入により生じたもの）………
  - 短期借入金
  - 長期借入金

(1)　資金借入の際、振り出した手形は金融上の取引によって生じたものであるから１年基準の適用をうけ、期日が１年を超えて到来するため固定負債に長期借入金として表示する。

(2)　建物購入の際、振り出した手形は１年基準の適用をうけ、翌期に期限が到来する12ケ月分92,400（※１）は営業外支払手形として流動負債へ表示し、決算日の翌日より１年を超えて期限が到来する残り36ケ月分277,200（※２）は長期営業外支払手形として固定負債に表示する。

$$\frac{369,600}{48枚} \times \begin{cases} 12枚 = \ 92,400 & ※1 \\ 36枚 = 277,200 & ※2 \end{cases}$$

(3)　商品購入により振り出した手形は、営業上の取引により生じたものであるため、１年基準ではなく、正常営業循環基準の適用をうけ、全額支払手形として流動負債に表示する。

■問題 7

解答

設問 1

貸 借 対 照 表

X2年 3 月31日現在　　　　　　　　　　（単位：千円）

資　産　の　部		負　債　の　部	
I　流　動　資　産		I　流　動　負　債	
（受 取 手 形）　（　　　9,000)		（保 証 債 務）　（　　　10)	

損　益　計　算　書

自X1年 4 月 1 日

至X2年 3 月31日　　　　　（単位：千円）

⋮

V　営　業　外　費　用

（手 形 売 却 損）　　　　　　　（　　　　30)

＜貸借対照表等に関する注記＞

受取手形の割引高　1,000千円

設問 2

貸 借 対 照 表

X2年 3 月31日現在　　　　　　　　　　（単位：千円）

I　流　動　資　産

（受 取 手 形）　（　　　9,000)|

損　益　計　算　書

自X1年 4 月 1 日

至X2年 3 月31日　　　　　（単位：千円）

IV　営　業　外　収　益

（保証債務取崩益）　　　　　　　（　　　　10)

V　営　業　外　費　用

（手 形 売 却 損）　　　　　　　（　　　　30)

解 説 （単位：千円）

設問 1

　企業が所有する手形を割引いた結果生じた手形遡求義務は、原則として新たに生じた二次的責任である保証債務として負債に計上する。

　なお、保証債務は発生時の時価をもって評価するが、原則としてその後の時価評価は行わない。

＜会社仕訳＞

| （現　金　預　金） | 980 | （仮　　受　　金） | 980 |

＜正しい仕訳＞

| （現　金　預　金） | 980 | （受　取　手　形） | 1,000 |
| （手　形　売　却　損） | 30 | （保　証　債　務） | 10 |

＜修正仕訳＞

| （仮　　受　　金） | 980 | （受　取　手　形） | 1,000 |
| （手　形　売　却　損） | 30 | （保　証　債　務） | 10 |

　なお、手形割引時の処理は、保証債務費用を手形売却損に含めず、独立して処理する方法もあるが、本問では問題の指示により、保証債務費用を手形売却損に含めて表示する。

　また、受取手形の割引高は貸借対照表等に関する注記に該当する。

設問 2

　期中に無事決済された場合には、保証債務を取り崩し、同額を保証債務取崩益として営業外収益に計上する。なお、保証債務取崩益は特別利益に計上することも考えられる。

■問題 8

解 答

貸 借 対 照 表

X3年 3 月31日現在 　　　　　　　　（単位：千円）

	負 債 の 部
	Ⅰ 流 動 負 債
	（短 期 借 入 金）（　　　44,000）
	（未 払 費 用）（　　　　147）
	Ⅱ 固 定 負 債
	（長 期 借 入 金）（　　　60,000）

損 益 計 算 書

自X2年 4 月 1 日　至X3年 3 月31日　　　　（単位：千円）

Ⅴ 営 業 外 費 用

　（支 払 利 息)　　　　　　　　　　　　（　　　2,220）

解 説 （単位：千円）

借入金

　X3年 1 月に借り入れた50,000の残額20,000は、 1 年基準を適用し、流動負債に短期借入金として表示する。

　X1年 9 月に借り入れた120,000の残額84,000（ 3 回支払済）のうち、24,000[※1]は 1 年基準を適用し、流動負債に短期借入金として表示する。60,000[※2]は 1 年基準を適用し、固定負債に長期借入金として表示する。

※1　$84,000 \times \dfrac{2 回}{7 回} = 24,000$

※2　$84,000 - 24,000 = 60,000$

未払利息

　（支 払 利 息)　　　147　　　（未 払 利 息)[※]　　　147

※　$84,000 \times 2.1\% \times \dfrac{1 ケ月}{12 ケ月} = 147$

第2回　棚卸資産

■問題1

解答

損 益 計 算 書

自X1年4月1日　至X2年3月31日　　　　　（単位：千円）

Ⅰ〔売　　上　　高〕		(1,500,000)
Ⅱ　売　上　原　価		
（期 首 商 品 棚 卸 高）	(43,000)	
（当 期 商 品 仕 入 高）	(800,000)	
合　　　　計	(843,000)	
（期 末 商 品 棚 卸 高）	(50,000)	
差　　　引	(793,000)	
（商 品 棚 卸 減 耗 損）	(3,000)	(796,000)
売 上 総 利 益		(704,000)

解説

　損益計算書の売上原価の内訳表示上、期末商品棚卸高は帳簿棚卸高（商品有高帳による残高）を用いること。

■問題 2

解答

損 益 計 算 書

自X1年 4 月 1 日　至X2年 3 月31日　　　　　　（単位：千円）

Ⅰ	売　　上　　高		712,500
Ⅱ	売　上　原　価		
	期首商品棚卸高	（　　　5,500）	
	当期商品仕入高	（　535,200）	
	合　　計	（　540,700）	
	期末商品棚卸高	（　　　3,390）	
	差　　引	（　537,310）	
	（商品評価損）	（　　　　96）	（　537,406）
	売上総利益		（　175,094）
Ⅲ	販売費及び一般管理費		
	（商品棚卸減耗損）	（　　　　90）	（　　　　90）
	営　業　利　益		（　175,004）
Ⅳ	営　業　外　収　益		2,540
Ⅴ	営　業　外　費　用		
	（商品棚卸減耗損）	（　　　360）	（　　　360）
	経　常　利　益		（　177,184）

〈重要な会計方針に係る事項に関する注記〉

1．棚卸資産の評価基準及び評価方法

　　商品…総平均法による原価法（貸借対照表価額は収益性の低下に基づく簿価切下げの方法により算定）

商品の貸借対照表価額	2,844千円

解 説 （単位：千円）

(1) P／L期末商品棚卸高

① A商品　1,000個×@600円＝600

② B商品　700個×@900円＝630

③ C商品　1,800個×@1,200円＝2,160

④ ①＋②＋③＝3,390

(2) 評価損等

① A商品　商品評価損　（@600円－@540円[※]）×1,000個＝60

※　正味売却価額　550円－10円＝540円

② B商品　商品棚卸減耗損（販売費及び一般管理費）

（700個－600個）×@900円＝90

商品評価損　（@900円－@840円[※]）×600個＝36

※　正味売却価額　865円－25円＝840円

③ C商品　商品棚卸減耗損（営業外費用）

（1,800個－1,500個）×@1,200円＝360

(3) B／S商品

3,390－（60＋90＋36＋360）＝2,844

■問題3

解 答

損 益 計 算 書

自X1年4月1日　至X2年3月31日　（単位：千円）

Ⅰ　売 上 高　　　　　　　　　　　　　　　　　1,420,800

Ⅱ　売 上 原 価

期首商品棚卸高　　　（　　　76,200）

当期商品仕入高　　　（　　　984,000）

合　　　計　　　（　　1,060,200）

期末商品棚卸高　　　（　　　65,600）　　　（　　994,600）

売 上 総 利 益　　　　　　　　　　　　　（　　426,200）

Ⅲ　販売費及び一般管理費

（商品棚卸減耗損）　　　（　　　2,624）

解 説 （単位：千円）

仕入諸掛84,000は損益計算書上、当期商品仕入高に含めて処理する。

■問題4

解 答

損 益 計 算 書

自X1年4月1日 至X2年3月31日　　　（単位：千円）

Ⅰ	〔売　　上　　高〕		（　2,200,000）
Ⅱ	〔売　上　原　価〕		
	期首商品棚卸高	（　85,000）	
	当期商品仕入高	（　1,411,000）	
	合　　　計	（　1,496,000）	
	（見本品費振替高）	（　11,000）	
	期末商品棚卸高	（　180,000）	
	差　　引	（　1,305,000）	
	（商品棚卸減耗損）	（　3,600）	
	（商品評価損）	（　900）	（　1,309,500）
	売上総利益		（　890,500）

解 説　（単位：千円）

(1) 期末棚卸資産

期末商品棚卸高　10,000個×18,000円＝180,000

200個減耗が生じているが、この商品棚卸減耗損は原価性があるため、問題の指示により売上原価の内訳科目として表示する。

（10,000個－9,800個）×18,000円＝3,600

また、300個は損傷により収益性が低下しているため商品評価損を計上する。商品評価損は売上原価の内訳科目として表示する。

300個×（18,000円－15,000円）＝900

(2) 見本品費

見本品として商品を使用した際に次の仕訳を行っている。

（見　本　品　費）　11,000　（仕　　　　　入）　11,000

従って、仕入高が11,000減額されているが、表示においては控除前の総額で示すため当期商品仕入高に11,000を加算し、見本品費振替高として間接的に控除する。期末商品棚卸高には、見本品分は含まれていないため、修正の必要はない。

■問題5

解答

貸　借　対　照　表　　　　　　　（単位：千円）

資　産　の　部		
Ⅰ　流　動　資　産		
（商　　　　　　品）	（　　54,000）	
（貯　　蔵　　品）	（　　5,100）	

損　益　計　算　書　　　　　　　（単位：千円）

Ⅰ　売　　　上　　　高		×　×　×	
Ⅱ　売　　上　　原　　価			
期　首　商　品　棚　卸　高	58,000		
当　期　商　品　仕　入　高	（　150,000）		
合　　　　　計	（　208,000）		
（見　本　品　費　振　替　高）	（　1,000）		
期　末　商　品　棚　卸　高	（　59,000）		
差　　　　　引	（　148,000）		
（商　品　評　価　損）	（　5,000）	（　153,000）	
売　上　総　利　益		×　×　×	
Ⅲ　販売費及び一般管理費			
通　　　信　　　費	（　3,700）		
消　　耗　　品　　費	（　11,600）		
（見　　本　　品　　費）	（　1,000）		

解説　（単位：千円）

・郵便切手

（貯　　蔵　　品）	100	（通　　信　　費）	100

・貯蔵品

（消　耗　品　費）	4,600	（貯　　蔵　　品）	4,600
（貯　　蔵　　品）	5,000	（消　耗　品　費）	5,000

・商品

期末商品棚卸高　59,000

商品　59,000 - 5,000 = 54,000

　帳簿棚卸高と実地棚卸高の差額1,000はすべて見本品として使用するために払い出したものであり、見本品費に振替計上する。また、期末商品の中に陳腐化による長期滞留品があり、収益性が低下しているため、正味売却価額まで5,000の商品評価損を計上する。

■問題 6

解答

損　益　計　算　書 （単位：千円）

I	売　　上　　高		（　113,000）
II	売　上　原　価		
	期首商品棚卸高	（　15,000）	
	当期商品仕入高	（　85,000）	
	合　　　計	（　100,000）	
	期末商品棚卸高	（　9,600）	
	差　　引	（　90,400）	
	（商品棚卸減耗損）	（　400）	（　90,800）
	売　上　総　利　益		（　22,200）

貸　借　対　照　表 （単位：千円）

I　流　動　資　産	
（商　　品）　（　9,200）	

解 説 （単位：千円）

各金額の計算

(1) 原価率の算定

$$\frac{15,000+85,000}{17,000+85,000+21,250+6,750-6,000+1,000}=0.8$$

(2) 期末商品帳簿棚卸売価の算定

$$17,000+85,000+21,250+6,750-6,000+1,000-113,000$$

$$=12,000$$

(3) 期末商品棚卸高の算定 $\underset{\text{期末商品帳簿売価}}{12,000} \times \underset{\text{原価率}}{0.8} = 9,600$

(4) 商品棚卸減耗損の算定 $(\underset{\text{期末商品帳簿売価}}{12,000} - \underset{\text{期末商品実地売価}}{11,500}) \times \underset{\text{原価率}}{0.8} = 400$

(5) 貸借対照表価額の算定

$\underset{\text{期末商品棚卸高}}{9,600} - \underset{\text{棚卸減耗損}}{400} = 9,200$

（分母）

期首商品棚卸高（売価） 17,000	（分子） 商品	売 上 高 113,000
期首商品棚卸高 15,000	売 上 原 価 貸借差額 (90,400)	
当期商品仕入高 85,000	当期商品仕入高 85,000	
	棚卸減耗損 400	減耗商品の売価 500
	期末商品実地棚卸高（原価） 9,200	期末商品帳簿棚卸高（原価）9,600	期末商品実地棚卸高（売価） 11,500
+ 21,250 + 6,750 △ 6,000 + 1,000	100,000	期末商品帳簿棚卸高（売価）12,000
125,000		

第3回　固定資産

■問題1

解答

減 価 償 却 費	78,047千円

解説 （単位：千円）

＜各資産の減価償却費＞

建　　物：従来分　$(3,000,000-1,200,000)\times0.9\times0.025=40,500$

　　　　　新規分　$1,200,000\times0.025\times\dfrac{6\text{ケ月}}{12\text{ケ月}}=15,000$

車　　両：$(50,000-20,000)\times0.400=12,000$

器具備品：$(100,000-57,812)\times0.250=10,547$

$40,500+15,000+12,000+10,547=78,047$

当期に取得した建物は、問題の指示により、減価償却費の計算において残存価額を考慮しない方法によることに留意する。

■問題 2

解 答

貸 借 対 照 表

X2年 3 月31日現在　　　　　　　　（単位：千円）

資 産 の 部		負 債 の 部	
Ⅰ 流 動 資 産		Ⅰ 流 動 負 債	
（前　　渡　　金）（　　　2,000）		（営 業 外 支 払 手 形）（　　48,000）	
Ⅱ 固 定 資 産			
1　有 形 固 定 資 産			
建　　　　　物（　　532,000）			
車　　　　　両（　　37,000）			
備　　　　　品（　　52,500）			
（建 設 仮 勘 定）（　　55,000）			

損 益 計 算 書

自X1年 4 月 1 日　至X2年 3 月31日（単位：千円）

⋮

Ⅲ　販売費及び一般管理費

　　（減 価 償 却 費）　　　　　（　　　42,250）

⋮

Ⅵ　特　別　利　益

　　（備 品 売 却 益）　　　　　（　　　1,750）

〈貸借対照表等に関する注記〉

　1．有形固定資産の減価償却累計額　368,500千円

3

固定資産

解 説 （単位：千円）

(1) 建物減価償却費

$$800,000 \times 0.9 \times \frac{1\,年}{40\,年} = 18,000$$

車両減価償却費

$$40,000 \times 0.9 \times \frac{1\,年}{5\,年} \times \frac{5\,ケ月}{12\,ケ月} = 3,000$$

備品減価償却費（売却分を除く。）

$$(150,000 - 80,000) \times 0.250 = 17,500$$

備品売却時の正しい仕訳

（現　金　預　金）	28,000	（備　　　　　品）	50,000
（減 価 償 却 累 計 額）	20,000	（備 品 売 却 益）	1,750
（減 価 償 却 費）※	3,750		

※　$(50,000 - 20,000) \times 0.250 \times \dfrac{6\,ケ月}{12\,ケ月} = 3,750$

修正仕訳

（減 価 償 却 費）	3,750	（備 品 売 却 損 益）	2,000
		（備 品 売 却 益）	1,750

(2) 建設仮勘定

① 営業所建物増設に伴う建設着手金は、有形固定資産に「建設仮勘定」として表示する。なお、固定資産の購入等により発生した手形は、支払期日が貸借対照表日の翌日から起算して1年以内であるため流動負債に「営業外支払手形」として表示する。

（支 払 手 形）	48,000	（営業外支払手形）	48,000

② 輸入備品は、納入がX2年4月予定であるため、有形固定資産に係る前渡金は有形固定資産に「建設仮勘定」として表示する。

③ 商品の仕入れに伴う前渡金

（前　渡　金）	2,000	（建 設 仮 勘 定）	2,000

■問題3

解 答

貸 借 対 照 表

X2年3月31日現在　　　　　　　　　（単位：千円）

Ⅱ 固 定 資 産			Ⅱ 固 定 負 債		
1 有 形 固 定 資 産			（長 期 借 入 金）	（	20,000）
建　　　　　物	（	48,670）			
器 具 備 品	（	10,548）			
土　　　　　地	（	130,000）			

損 益 計 算 書

自X1年4月1日　至X2年3月31日　　　　（単位：千円）

Ⅲ 販売費及び一般管理費		
減 価 償 却 費	（	5,125）
（修　　繕　　費）	（	1,320）
Ⅵ 特　別　利　益		
（保 険 差 益）	（	880）

〈貸借対照表等に関する注記〉

1．有形固定資産の減価償却累計額　　　37,182千円

2．土地のうち15,000千円が、長期借入金20,000千円の担保に供されている。

解 説 （単位：千円）

1．建物

(1) 火災焼失分

① 火災焼失時の処理

（減 価 償 却 累 計 額）	14,400	（建　　　　　物）	40,000
（減 価 償 却 費）※	480		
（火 災 未 決 算）	25,120		

※　$40,000 \times 0.9 \times \dfrac{1年}{50年} \times \dfrac{8 ケ月}{12 ケ月} = 480$

② 保険金受取時の処理の修正

（仮　　受　　金）	26,000	（火 災 未 決 算）	25,120
		（保 険 差 益）差額	880

(2) 上記以外の建物の減価償却費

$(100,000 - 40,000) \times 0.9 \times \dfrac{1年}{50年} = 1,080$

3

固定資産

2．器具備品の減価償却費

$(25,000-10,937) \times 0.250 = 3,515$（千円未満切捨）

3．建設仮勘定

商品用倉庫は完成引渡しが行われ、事業の用に供しているため、建物として計上し、減価償却計算を行う。なお、事務所の改修工事に係る支出は、「資本的支出とは認められなかった」とあるため、収益的支出に該当し、当期の修繕費として処理する。

| （建　　　　　物） | 11,400 | （建　設　仮　勘　定） | 12,720 |
| （修　　繕　　費） | 1,320 | | |

・商品用倉庫の減価償却費

$$11,400 \times \frac{1 \text{年}}{38 \text{年}} \times \frac{2 \text{ケ月}}{12 \text{ケ月}} = 50$$

4．土地

資産が担保に供されている場合には、当該資産の内容及び金額、担保に係る債務の金額を貸借対照表等に関する注記に記載する。

5．借入金

1年基準により、固定負債に長期借入金として表示する。

■問題4

解 答

商　　標　　権	30,800千円

商　標　権　償　却	4,200千円

〈重要な会計方針に係る事項に関する注記〉

　固定資産の減価償却方法

　　商標権…定額法

解 説 （単位：千円）

商標権は償却年数10年で月割計算する。

$$35,000 \times \frac{12 \text{ケ月}}{12 \text{ケ月} \times 10 \text{年} - 20 \text{ケ月}} = 4,200$$

■問題5

解 答

<table>
<tr><td colspan="2" align="center">貸借対照表 （単位：千円）</td><td colspan="2" align="center">損益計算書 （単位：千円）</td></tr>
</table>

〔直接控除形式（科目別控除）〕　　　　　　特別損失

　有形固定資産　　　　　　　　　　　　　減 損 損 失　　　　（ 282,383）

　機 械 装 置　　　　（ 317,617）

　　減価償却累計額（△110,700）（ 206,917）

〔直接控除形式（科目別注記）〕

　有形固定資産　　　　　　　　　　〔個別注記表〕

　機 械 装 置　　　　（ 206,917）　　　〈貸借対照表等に関する注記〉

　　　　　　　　　　　　　　　　　　　機械装置の減価償却累計額

　　　　　　　　　　　　　　　　　　　110,700千円

解 説 （単位：千円）

　減損損失の認識

　　帳簿価額　　割引前C／F
　　489,300＞ 222,000　　　∴減損損失を認識する

　減損損失の測定

　　① 回収可能価額

　　　使用価値　　※正味売却価額
　　　206,917＞　 206,500　　　∴206,917

　　　※　208,000－1,500＝206,500

　　② 減損損失の測定

　　　帳簿価額　　上記①
　　　489,300－206,917＝282,383

■問題6

解答

貸借対照表 （単位：千円）

有形固定資産

建　　物　　　　（　2,328,000）

　減価償却累計額（△1,600,000）（　　728,000）

器 具 備 品　　　（　　732,000）

　減価償却累計額（　△440,735）（　291,265）

土　　　地　　　　　　　　　　（　1,040,000）

損益計算書 （単位：千円）

特別損失

減 損 損 失　　　　　（　1,400,000）

解説 （単位：千円）

① A資産グループ

減損損失の認識

<u>グループ簿価合計※</u>　　<u>割引前C/F</u>
　　2,500,000　＞1,300,000　　∴減損損失を認識する

<u>取得価額合計</u>　<u>減累合計</u>
※　3,500,000－1,000,000＝2,500,000

減損損失の測定

<u>グループ簿価合計</u>　<u>回収可能価額</u>
　2,500,000　－1,100,000＝1,400,000

建　　物　$1,400,000 \times \dfrac{\overset{\text{建物帳簿価額※}}{1,200,000}}{\underset{\text{グループ簿価合計}}{2,500,000}} = 672,000$

　　　　　※　2,000,000－800,000＝1,200,000

器具備品　$1,400,000 \times \dfrac{\overset{\text{器具備品帳簿価額※}}{300,000}}{\underset{\text{グループ簿価合計}}{2,500,000}} = 168,000$

　　　　　※　500,000－200,000＝300,000

土　　地　$1,400,000 \times \dfrac{\overset{\text{土地帳簿価額}}{1,000,000}}{\underset{\text{グループ簿価合計}}{2,500,000}} = 560,000$

② B資産グループ

減損損失の認識

<u>グループ簿価合計※</u>　　<u>割引前C/F</u>
　　959,265　＜1,000,000　　∴減損損失を認識しない

<u>取得価額合計</u>　<u>減累合計</u>
※　2,000,000－1,040,735＝959,265

－188－

■問題7

解答

貸　借　対　照　表

X2年 3 月31日現在　　　　　　　　　　（単位：千円）

Ⅱ　固　定　資　産		
1　有形固定資産		
（建　　　　　物）	（	16,800）
（工 具 器 具 備 品）	（	3,600）
（土　　　　　地）	（	18,000）

損　益　計　算　書

自X1年 4 月 1 日

至X2年 3 月31日　　　（単位：千円）

⋮

| Ⅶ　特　別　損　失 | |
| （減　損　損　失） | （　　25,600） |

解説　（単位：千円）

① 減損損失の認識

（ア） 乙商品事業部の帳簿価額の合計額　64,000※

※　30,000＋28,000＋6,000＝64,000

（イ） 割引前将来キャッシュ・フロー　54,000※

※　3,000×16年＋6,000＝54,000

（ウ） （ア）＞（イ）　∴減損損失を認識する。

② 減損損失の測定

回収可能価額を算定する際において、使用価値※の金額が与えられていないため、年金現価係数及び現価係数を使用して算定する。

現価係数：将来の一定時点におけるキャッシュ・フローを一定の割引率で現在価値に割り引くための係数をいう。

正味売却価額

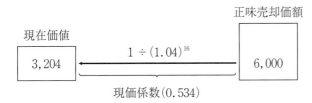

現在価値

| 3,204 | 1 ÷ (1.04)^16 | 6,000 |

$1 \div (1.04)^{16}$

現価係数（0.534）

年金現価係数：将来の一定期間にわたる毎年均等額のキャッシュ・フローを、一定の割引率で現在価値に割り引くための係数をいう。

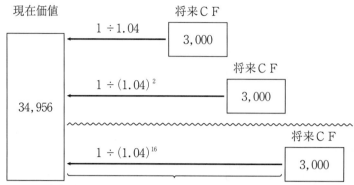

各年度の現価係数の合計＝年金現価係数(11.652)

※　使用価値　$6,000 \times 0.534 + 3,000 \times 11.652 = 38,160$

（減　損　損　失）	25,600[※1]	（土　　　　　地）	12,000[※3]
		（建　　　　　物）	11,200[※4]
		（工 具 器 具 備 品）	2,400[※5]

※1 (ｱ)　乙商品事業部に係る資産グループの帳簿価額

①(ｱ)
64,000

　(ｲ)　回収可能価額　38,400※2

　(ｳ)　(ｱ)－(ｲ)＝25,600

※2 (ｱ)　正味売却価額　38,400

　(ｲ)　使用価値　38,160

　(ｳ)　(ｱ)＞(ｲ)　　∴38,400

※3　$25,600 \times \dfrac{30,000}{64,000} = 12,000$

※4　$25,600 \times \dfrac{28,000}{64,000} = 11,200$

※5　$25,600 \times \dfrac{6,000}{64,000} = 2,400$

■問題 8

解答

貸 借 対 照 表　　　　　　　（単位：千円）

Ⅱ　固定資産			Ⅰ　流動負債		
1　有形固定資産			（リース債務）		（　　1,873）
（リース資産）	（　10,000）		Ⅱ　固定負債		
減価償却 　累計額	（△ 2,000）	（　8,000）	（リース債務）		（　　6,367）

損 益 計 算 書　　　　　　　（単位：千円）

Ⅲ　販売費及び一般管理費		
減 価 償 却 費	（　　2,000）	
Ⅴ　営 業 外 費 用		
（支 払 利 息）	（　　640）	

<重要な会計方針に係る事項に関する注記>

1. 固定資産の減価償却方法
　　所有権移転外ファイナンス・リース取引に係るリース資産…リース期間を耐用年数とし、残存価額をゼロとする定額法を採用

解説 （単位：千円）

・リース契約時の仕訳

（リ ー ス 資 産）	10,000	（リ ー ス 債 務）	10,000

　　※　資産計上額と同額のリース債務が計上される。

・リース料支払時の仕訳

（リ ー ス 債 務）	1,760	（現 金 預 金）	2,400
（支 払 利 息）	640		

　　※　支払リース料は、リース債務（元本相当額）の返済分と利息相当額に区別して処理する。

・リース債務の表示

　　短 期 返 済　（元本相当額）　1,873…………………………流動負債　リース債務

　　長 期 返 済　（元本相当額）　8,240－1,873＝6,367……固定負債　リース債務

　　　　　　　期首元本　当期返済　期末リース債務残高
　　※　10,000 － 1,760 ＝　　8,240

・減価償却費の計上

（減 価 償 却 費）	2,000 [※]	（減 価 償 却 累 計 額）		2,000

$$※ \quad 10,000 \times \frac{12\text{ケ月}}{5\text{年} \times 12\text{ケ月}} = 2,000$$

　　所有権移転外ファイナンス・リース取引については、リース物件を使用できる期間がリース期間に限定されるという特徴があるため、原則として、リース期間を使用し、残存価額はゼロとして計算する。

■問題9

解答

貸　借　対　照　表　　　　　　（単位：千円）

Ⅱ　固定資産		Ⅰ　流動負債	
1　有形固定資産		（リース債務）	（　　4,110）
（リース資産）	（　26,210）	Ⅱ　固定負債	
減価償却 　累計額	（△4,368）（　21,842）	（リース債務）	（　18,148）

損　益　計　算　書　　　　　　（単位：千円）

Ⅲ　販売費及び一般管理費	
減価償却費	（　　4,368）
Ⅴ　営業外費用	
（支払利息）	（　　1,048）

解説　（単位：千円）

(1) リース資産の取得原価の決定

　　所有権移転外ファイナンス・リース取引において、リース会社におけるリース物件の購入価額が不明の場合は、見積現金購入価額とリース料総額の割引現在価値のいずれか低い方の額となる。

（リース資産）　　　26,210※　　（リース債務）　　　26,210

　※　見積現金購入価額　27,000

　　5,000×5.242＝26,210（リース料総額の割引現在価値）

　　27,000＞26,210　　　∴26,210

(2) 減価償却費の計算

（減価償却費）　　　4,368※　　（減価償却累計額）　　　4,368

　※　$26,210 \times \dfrac{1年}{6年} = 4,368$（百円の位四捨五入）

(3) リース料支払時の計算

（支払利息）　　　1,048※　　（現金預金）　　　5,000
（リース債務）　　　3,952（差額）

　※　26,210×4％＝1,048（百円の位四捨五入）

3
固定資産

(4) リース債務の分類

　　貸借対照表日の翌日から起算して1年以内に支払期日が到来するものは流動負債に、1年を超えて到来するものは固定負債に計上する。

　　X3年3月31日のリース料支払時の計算

（支　払　利　息）	890 ※	（現　金　預　金）	5,000
（リ　ー　ス　債　務）	4,110 差額		

　　※　（26,210 − 3,952）× 4 ％ ＝ 890（百円の位四捨五入）

　　流動負債　リース債務　4,110

　　固定負債　リース債務　26,210 − 3,952 − 4,110 ＝ 18,148

■問題10

解答

貸　借　対　照　表　　　　　　　（単位：千円）

	Ⅰ　流　動　負　債
	（未　払　費　用）　　　（　　4,000）

損　益　計　算　書　　　　　　　（単位：千円）

販売費及び一般管理費

　　（支 払 リ ー ス 料）　　　（　4,000）

解説 （単位：千円）

　支払リース料　　月額1,000 × 4ケ月（12月〜3月）＝4,000

　なお、問題上、リース料の支払は6ケ月分を後払いする契約となっているため、未払費用として処理する。

　オペレーティング・リース取引については、通常の賃貸借取引に係る方法に準じて会計処理を行う。

■問題11

解 答

貸　借　対　照　表		（単位：千円）

Ⅱ　固定資産　　　　　　　　　　　　　Ⅱ　固定負債

1　有形固定資産　　　　　　　　　　（資産除去債務）　　　（　1,848）

（建　　物）（　101,812）

減価償却
累計額　（△　2,545）（　99,267）

損　益　計　算　書		（単位：千円）

Ⅲ　販売費及び一般管理費

減価償却費　　　　　　（　2,545）

（利　息　費　用）　　　（　　36）

解 説　（単位：千円）

(1)　取得時

①　会社仕訳

（建　　　　物）　100,000　（現　金　預　金）　100,000

②　正しい仕訳

（建　　　　物）　101,812　（現　金　預　金）　100,000

（資　産　除　去　債　務）　1,812 ※

※　$\underset{\text{除去を行う際の支出}}{4,000} \times \underset{\text{現価係数}}{0.453} = 1,812$

③　修正仕訳

（建　　　　物）　1,812　（資　産　除　去　債　務）　1,812

(2)　決算時

①　利息費用

（利　息　費　用）　36 ※　（資　産　除　去　債　務）　36

※　$\underset{\text{資産除去債務}}{1,812} \times \underset{\text{割引率}}{2\%} = 36$（百円の位四捨五入）

②　減価償却

（減　価　償　却　費）　2,545 ※　（減価償却累計額）　2,545

※(イ)　$100,000 \times 0.025 = 2,500$

(ロ)　$1,812 \times 0.025 = 45$（百円の位四捨五入）

(ハ)　$2,500 + 45 = 2,545$

■問題12

解答

＜貸借対照表＞

(単位：千円)

表 示 区 分	表 示 科 目	金 額
有 形 固 定 資 産	建　　　　　物	106,000
有 形 固 定 資 産	減 価 償 却 累 計 額	△ 16,800
固 　 定 　 負 　 債	資 産 除 去 債 務	6,180

＜損益計算書＞

(単位：千円)

表 示 区 分	表 示 科 目	金 額
販 売 費 及 び 一 般 管 理 費	減 価 償 却 費	2,220
販 売 費 及 び 一 般 管 理 費	利 　 息 　 費 　 用	180

解説 (単位：千円)

(1) 資産除去債務の計上

有形固定資産の除去に要する将来キャッシュ・フローを見積り、割り引いて算定する。本問では、割り引く期間15年について、予め15乗した数値（1.55）が与えられているため、将来キャッシュ・フローをこの数値で割り引いて算定する。なお、15乗した数値は年金現価係数でないことに留意する。

　（建　　　　　物）　　　6,000　　（資 産 除 去 債 務）　　　6,000※

　※　9,300÷1.55＝6,000

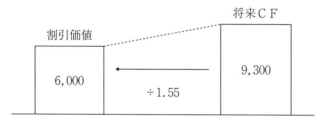

(2) 利息費用

　（利 　 息 　 費 　 用）　　　180※　（資 産 除 去 債 務）　　　180

　※　6,000×3.0%＝180

(3) 減価償却

　（減 価 償 却 費）　　　400※　（減 価 償 却 累 計 額）　　　400

　※　$6,000×\dfrac{1年}{15年}＝400$

■問題13

解答

【設問1】

<table>
<tr><td colspan="3">貸借対照表 （単位：千円）</td></tr>
<tr><td colspan="3">資 産 の 部</td></tr>
<tr><td colspan="3">有形固定資産</td></tr>
<tr><td>建　物</td><td colspan="2">（　300,000）</td></tr>
<tr><td>減価償却累計額</td><td>（△　1,000）</td><td>（　299,000）</td></tr>
<tr><td>：</td><td>：</td><td></td></tr>
</table>

＜注記事項＞

（貸借対照表等に関する注記）

　　建物から国庫補助金相当額300,000千円が控除されている。

<table>
<tr><td colspan="2">損 益 計 算 書 （単位：千円）</td></tr>
<tr><td colspan="2">Ⅲ　販売費及び一般管理費</td></tr>
<tr><td>減価償却費</td><td>（　1,000）</td></tr>
<tr><td colspan="2">Ⅵ〔特別利益〕</td></tr>
<tr><td>（国庫補助金収入）</td><td>（　300,000）</td></tr>
<tr><td colspan="2">Ⅶ〔特別損失〕</td></tr>
<tr><td>（建物圧縮損）</td><td>（　300,000）</td></tr>
</table>

【設問2】

<table>
<tr><td colspan="3">貸借対照表 （単位：千円）</td></tr>
<tr><td colspan="3">資 産 の 部</td></tr>
<tr><td colspan="3">有形固定資産</td></tr>
<tr><td>建　物</td><td colspan="2">（ 1,359,000）</td></tr>
<tr><td>減価償却累計額</td><td>（△　7,550）</td><td>（ 1,351,450）</td></tr>
<tr><td>：</td><td>：</td><td></td></tr>
</table>

＜注記事項＞

（貸借対照表等に関する注記）

　　建物から保険差益相当額490,000千円が控除されている。

<table>
<tr><td colspan="2">損 益 計 算 書 （単位：千円）</td></tr>
<tr><td colspan="2">Ⅲ　販売費及び一般管理費</td></tr>
<tr><td>減価償却費</td><td>（　17,550）</td></tr>
<tr><td colspan="2">Ⅵ〔特別利益〕</td></tr>
<tr><td>（保険差益）</td><td>（　490,000）</td></tr>
<tr><td colspan="2">Ⅶ〔特別損失〕</td></tr>
<tr><td>（建物圧縮損）</td><td>（　490,000）</td></tr>
</table>

解説 （単位：千円）

【設問1】

(1) 国庫補助金受入時の仕訳

　　（現 金 預 金）　　300,000　　（国 庫 補 助 金 収 入）　　300,000

　　国庫補助金収入は特別利益に表示する。

(2) 建物取得時の仕訳

　　（建　　　　物）　　600,000　　（現 金 預 金）　　600,000

(3) 決算整理仕訳

① 圧縮記帳の仕訳

（建 物 圧 縮 損）　　　300,000　　　（建　　　　　　物）　　　300,000

建物圧縮損は特別損失に表示し、国庫補助金相当額300,000は、貸借対照表等に関する注記となる。

② 減価償却の仕訳

（減 価 償 却 費）　　　1,000　　　（減 価 償 却 累 計 額）　　　1,000

$$\underset{\text{取得原価}}{(600{,}000} - \underset{\text{圧縮額}}{300{,}000)} \times \frac{1\text{年}}{50\text{年}} \times \frac{2\text{ケ月}}{12\text{ケ月}} = 1{,}000$$

【設問2】

(1) 焼失建物の減価償却費を計算し、その額を建物の期首帳簿価額から控除した残額を火災未決算として処理する。

焼失建物の減価償却費　$1{,}000{,}000 \times 0.9 \times \dfrac{1\text{年}}{45\text{年}} \times \dfrac{6\text{ケ月}}{12\text{ケ月}} = 10{,}000$

火災直前の建物の帳簿価額　$1{,}000{,}000 - 280{,}000 - 10{,}000 = 710{,}000$

（減 価 償 却 累 計 額）　　　280,000　　　（建　　　　　　物）　　　1,000,000

（減 価 償 却 費）　　　10,000

（火 災 未 決 算）　　　710,000

(2) 受取保険金と焼失建物の火災直前の帳簿価額との差額を保険差益として処理し、特別利益に表示する。

（現 金 預 金）　　　1,200,000　　　（火 災 未 決 算）　　　710,000

　　　　　　　　　　　　　　　　　　　　（保 険 差 益）　　　490,000

(3) （建　　　　　　物）　　　1,849,000　　　（現 金 預 金）　　　1,849,000

(4) 新建物の減価償却費　$\underset{\text{取得原価}}{(1{,}849{,}000} - \underset{\text{圧縮額}}{490{,}000)} \times \dfrac{1\text{年}}{45\text{年}} \times \dfrac{3\text{ケ月}}{12\text{ケ月}} = 7{,}550$

（建 物 圧 縮 損）　　　490,000※　　　（建　　　　　　物）　　　490,000

（減 価 償 却 費）　　　7,550　　　（減 価 償 却 累 計 額）　　　7,550

※　保険差益相当額

建物圧縮損は特別損失に表示し、保険差益相当額490,000は、貸借対照表等に関する注記となる。

■問題14

解答

貸　借　対　照　表

X2年 3 月31日現在　　　　　　（単位：千円）

資　産　の　部		負　債　の　部	
Ⅱ　固　定　資　産		Ⅱ　固　定　負　債	
1　有形固定資産		（繰延税金負債）（　31,325）	
建　　物（　200,000）		純　資　産　の　部	
減価償却累計額（△　1,000）		Ⅰ　株　主　資　本	
		⋮	
		3　利　益　剰　余　金	
		(2)　その他利益剰余金	
		建物圧縮積立金（　64,675）	

損　益　計　算　書

自X1年 4 月 1 日

至X2年 3 月31日　　　　（単位：千円）

⋮

Ⅲ　販売費及び一般管理費

　　減　価　償　却　費　　　　　　　（　　　1,000）

⋮

Ⅵ　特　別　利　益

　　（国庫補助金収入）　　　　　　　（　　100,000）

⋮

　　法人税等調整額　　　　　　　　　（　　40,075）

解　説　（単位：千円）

1．国庫補助金に関する事項

（仮　受　金）	100,000	（国庫補助金収入）	100,000

2．固定資産に関する事項

（減価償却費）	1,000※	（減価償却累計額）	1,000

※　$200,000 \times \dfrac{1年}{50年} \times \dfrac{3ケ月}{12ケ月} = 1,000$

（法人税等調整額）	35,000	（繰延税金負債）※1	35,000
（繰越利益剰余金）	65,000	（建物圧縮積立金）※2	65,000

※1　$100,000 \times 35\% = 35,000$

※2　$100,000 - 35,000 = 65,000$

（繰延税金負債）※1	175	（法人税等調整額）	175
（建物圧縮積立金）※2	325	（繰越利益剰余金）	325

※1　①　会計上の減価償却費　1,000

　　　②　税務上の償却限度額　　500

　　　③　（1,000 − 500）× 35% = 175
　　　　　上記①　上記②

※2　（1,000 − 500）− 175 = 325

3．税効果会計に関する事項

(1)　当期末の繰延税金資産・繰延税金負債の計算

　　①　繰延税金資産

　　　　10,000 × 35% = 3,500
　　　　その他(当期末)

　　②　繰延税金負債

　　　　35,000 − 175 = 34,825

　　③　①−② = △31,325（繰延税金負債）

(2)　当期の法人税等調整額の計算

　　8,750 − (△31,325) = 40,075（借方残）
　　前T/B

■問題15

解答

<貸借対照表>

（単位：千円）

表 示 区 分	表 示 科 目	金 額
有 形 固 定 資 産	器 具 備 品	10,000
有 形 固 定 資 産	減 価 償 却 累 計 額	△ 4,400

<損益計算書>

（単位：千円）

表 示 区 分	表 示 科 目	金 額
販売費及び一般管理費	減 価 償 却 費	1,400

（会計上の見積りの変更）

　当社が保有する器具備品は、従来、耐用年数を（　10年　）として減価償却を行ってきたが、当期において耐用年数を（　8年　）に見直し将来にわたり変更している。

　この変更により、従来の方法と比べて、当期の減価償却費が（　400千円　）増加し、税引前当期純利益が同額（　減少　）している。

解説 （単位：千円）

1. 減価償却費の計算

（減 価 償 却 費）　　　1,400※　　（減 価 償 却 累 計 額）　　　1,400

※　$10,000 \times \dfrac{1年}{10年} \times 3年 = 3,000$（償却済）

$\overset{\text{当期首末償却残高}}{(10,000 - 3,000)} \times \dfrac{1年}{5年（見積り変更後の残存耐用年数）} = 1,400$

		7,000（残存耐用年数5年）				
10,000	3年間償却済	当期償却額				
	3,000	1,400				

2. 変更による影響額

① 変更後の減価償却費　1,400

② 変更前の減価償却費　1,000※

※　$10,000 \times \dfrac{1年}{10年} = 1,000$

③ ① − ② = 400

　なお、減価償却費が400増加しているため、費用の増額にともなって同額の税引前当期純利益が減少している。

■問題16

解答

【設問1】　152,028千円

【設問2】　171,671千円

解説 （単位：千円）

【設問1】　償却方法を定額法から定率法へ変更した場合には、期首帳簿価額に従来の耐用年数に基づく償却率を乗じて減価償却費を計算する。

$$\underset{\text{期首帳簿価額}}{(900,000-162,000)} \times \underset{\text{従来の耐用年数に基づく償却率}}{0.206} = 152,028$$

【設問2】　償却方法を定率法から定額法へ変更した場合には、期首帳簿価額から取得原価に対する残存価額を控除した金額を基礎として減価償却費を計算する。

$$\{\underset{\text{期首帳簿価額}}{(3,000,000-1,498,301)} - \underset{\text{残存価額}}{(3,000,000 \times 0.1)}\} \times \frac{1\,\text{年}}{7\,\text{年}} = 171,671 \ (\text{千円未満切捨})$$

第4回 引当金

■問題1

解答

損 益 計 算 書

自X1年4月1日
至X2年3月31日　　（単位：千円）

⋮

Ⅲ　販売費及び一般管理費

（貸倒引当金繰入）	（	80,600）
（貸倒損失）	（	10,000）
（賞与引当金繰入）	（	73,000）
（退職給付費用）	（	62,000）

⋮

Ⅶ　特別損失

（債務保証損失引当金繰入）	（	36,000）

解説　（単位：千円）

(1)　貸倒引当金繰入

　　営業債権の貸倒引当金繰入は、販売費及び一般管理費に表示する。

　　$\underset{\text{受手}}{(2,930,000} + \underset{\text{売掛}}{1,400,000)} \times 2\% - (\underset{\text{T/B貸引}}{60,000} - \underset{\text{※}}{54,000}) = 80,600$

　　※　(2)①参照

(2)①　前期発生売掛金の貸倒れは貸倒引当金で充当するため修正する。

　　（貸　倒　引　当　金）　　　54,000　　　（貸　倒　損　失）　　　54,000

　②　当期発生受取手形の貸倒れは貸倒損失とする。

　　　営業債権の貸倒損失10,000は販売費及び一般管理費に表示する。

(3)　（賞与引当金繰入）　　　73,000　　　（賞　与　引　当　金）　　　73,000

　　賞与引当金繰入は販売費及び一般管理費に表示する。

　　※　$109,500 \times \dfrac{4\text{ケ月（X1.12.1〜X2.3.31）}}{6\text{ケ月（X1.12.1〜X2.5.31）}} = 73,000$

| (4) | （退 職 給 付 費 用） | 62,000 | （退 職 給 付 引 当 金） | 62,000 |

退職給付費用は販売費及び一般管理費に表示する。

| (5) | （債務保証損失引当金繰入） | 36,000 | （債務保証損失引当金） | 36,000 |

債務保証損失引当金繰入は解答欄のスペースにより特別損失に表示する。

■問題2

解 答

＜貸借対照表＞

① 一括控除方式

貸 借 対 照 表 （単位：千円）

```
Ⅰ　流 動 資 産
　　受 取 手 形　　（　　14,400）
　　売 　掛 　金　　（　　27,600）
　　　貸 倒 引 当 金　（△　　　420）
```

② 一括注記方式

貸 借 対 照 表 （単位：千円）

```
Ⅰ　流 動 資 産
　　受 取 手 形　　（　　14,256）
　　売 　掛 　金　　（　　27,324）
```

＜貸借対照表等に関する注記＞

１．短期金銭債権の貸倒引当金は420千円である。

＜損益計算書＞ （単位：千円）

表 示 区 分	表 示 科 目	金 額
営 業 外 収 益	貸 倒 引 当 金 戻 入	80

解 説 （単位：千円）

(1) 貸倒引当金

受取手形　売掛金
$(14,400 + 27,600) \times 1\% = 420$

(2) 貸倒引当金戻入

T/B貸引
$500 - 420 = 80$（戻入）　営業外収益

■問題 3

解 答

貸 借 対 照 表　　　　（単位：千円）

流動資産		流動負債	
受 取 手 形	350,000	⋮	
売 掛 金	250,000		
貸倒引当金	（△ 123,500）	固定負債	
		長期預り金	（　50,000）

損 益 計 算 書

（単位：千円）

販売費及び一般管理費	
貸 倒 引 当 金 繰 入	（　　120,500）

（注記事項）

＜重要な会計方針に係る事項に関する注記＞

1．引当金の計上基準

　　貸倒引当金…受取手形及び売掛金の貸倒損失に備えるため、一般債権については貸倒実績率により、貸倒懸念債権等特定の債権については個別に回収可能性を検討し、回収不能見込額を計上している。

解 説　（単位：千円）

(1)　貸倒引当金

　①　一般債権

　　　$\overset{\text{受取手形}}{(350,000} + \overset{\text{売掛金}}{250,000} - \overset{\text{A社債権}}{150,000} - 100,000) \times 1\% = 3,500$

　②　貸倒懸念債権

　　　$\overset{\text{受取手形}}{(150,000} + \overset{\text{売掛金}}{100,000} - \overset{\text{営業保証金}}{50,000}) \times 60\% = 120,000$

　③　①＋②＝123,500

(2)　貸倒引当金繰入　販売費及び一般管理費

　　　$3,500 - \overset{\text{T/B貸引}}{3,000} + 120,000 = 120,500$

■問題4

解答

貸　借　対　照　表　　　（単位：千円）

流動資産			流動負債	
受取手形	（	115,000)	…	
売　掛　金	（	204,500)		
貸倒引当金	（△	13,250)	固定負債	
			長期預り金	5,000
固定資産				
…				
投資その他の資産				
（破産更生債権等）	（	6,500)		
貸倒引当金	（△	6,500)		

損　益　計　算　書

（単位：千円）

販売費及び一般管理費		
貸 倒 引 当 金 繰 入	（	8,250)
…		…
特　別　損　失		
貸 倒 引 当 金 繰 入	（	6,500)

解説　（単位：千円）

・債権の区分

(1)　A株式会社に対する受取手形及び売掛金

　　問題文の「当期に入ってから資金繰りの悪化から、同社の要請により支払期日が再三延期されている手形であり、貸倒れが懸念される」の表現から、貸倒懸念債権に該当するため、受取手形及び売掛金に含めて表示する。

(2)　B株式会社に対する売掛金

　　破産の申立てを行っている会社に対する債権であり、破産更生債権等に該当するため投資その他の資産に破産更生債権等として表示する。

　　（破 産 更 生 債 権 等）　　6,500　　（売　　掛　　金）　　6,500

・損益計算書の表示

(1) 一般債権

| （貸倒引当金繰入） | 1,000 | （貸　倒　引　当　金） | 1,000 |

$$(\underset{\text{受手}}{100,000} + \underset{\text{売掛}}{200,000}) \times 2\% - \underset{\text{T/B貸引}}{5,000} = 1,000$$

(2) 貸倒懸念債権

　　問題文の指示により、貸倒懸念債権については、債権総額から担保の処分見込額を控除した残額の50%を貸倒引当金として繰り入れる。

| （貸倒引当金繰入） | 7,250 | （貸　倒　引　当　金） | 7,250 |

$$(\underset{\text{A社受手}}{15,000} + \underset{\text{A社売掛}}{4,500} - \underset{\text{保証金}}{5,000}) \times 50\% = 7,250$$

(3) 破産更生債権等

　　問題文の指示により、破産更生債権等については、債権総額から担保の処分見込額を控除した残額を引き当てるが、当該破産更生債権等には、担保がないため、債権の総額を貸倒引当金として繰り入れる。なお、繰入額は特別損失に表示する。

| （貸倒引当金繰入） | 6,500 | （貸　倒　引　当　金） | 6,500 |

■問題5

解答

<table>
<tr><td colspan="2">貸借対照表　（単位：千円）</td><td colspan="2">損益計算書　（単位：千円）</td></tr>
<tr><td>Ⅱ　固定資産</td><td></td><td>Ⅳ　営業外収益</td><td></td></tr>
<tr><td>　3　投資その他の資産</td><td></td><td>　（受　取　利　息）</td><td>（　　2,000）</td></tr>
<tr><td>　（長 期 貸 付 金）</td><td>（　　50,000）</td><td>Ⅴ　営業外費用</td><td></td></tr>
<tr><td>　貸 倒 引 当 金</td><td>（△　2,829）</td><td>　（貸倒引当金繰入）</td><td>（　　2,829）</td></tr>
</table>

解説 （単位：千円）

(1) 貸倒引当金の設定

　　帳簿価額　　現在価値の総額
　　50,000 －　47,171　＝2,829→営業外費用

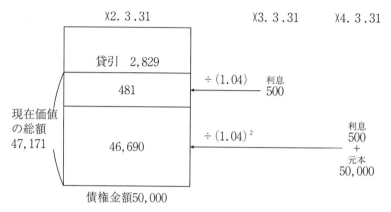

(2) 当期末（利払日）における受取利息を計上するが、利息の条件緩和を行うのは翌期からであるため、当期は当初約定利子率により受取利息を計上する。

　　50,000× 4 ％＝2,000→営業外収益

■問題6

解答

貸 借 対 照 表
X2年3月31日現在　　　　　（単位：千円）

資 産 の 部			負 債 の 部		
I 流 動 資 産			I 流 動 負 債		
（受 取 手 形）	（	21,000)	（保 証 債 務）	（	20)
（電子記録債権）	（	10,000)			
（売 掛 金）	（	45,300)			
（短 期 貸 付 金）	（	7,600)			
貸 倒 引 当 金	(△	839)			
II 固 定 資 産					
3 投資その他の資産					
（長 期 貸 付 金）	（	11,400)			
（破産更生債権等）	（	16,500)			
貸 倒 引 当 金	(△	9,114)			

損 益 計 算 書
自X1年4月1日
至X2年3月31日　　　（単位：千円）

⋮

III 販売費及び一般管理費

　　（貸倒引当金繰入）　　　　（　　　753）

⋮

V 営 業 外 費 用

　　（手 形 売 却 損）　　　　（　　　60）

⋮

VII 特 別 損 失

　　（貸倒引当金繰入）　　　　（　　9,000）

＜貸借対照表等に関する注記＞

　1．受取手形の割引高は2,000千円である。

4
引
当
金

解 説 （単位：千円）

(1) 受取手形

　・A社に対する受取手形

　　A社は形式的な経営破綻は生じていないが、深刻な経営難にあり再建の見通しがなく、債権の回収に長期間を要する見込みであるため、A社に対する債権は破産更生債権等に分類する。従って、貸借対照表上は、投資その他の資産に「破産更生債権等」として表示する。

（破 産 更 生 債 権 等）	7,000	（受　取　手　形）	7,000

　・手形の割引

　　期中に銀行において手形を割り引いた際に割引料を差し引いた入金額で処理をしているため、期末において修正する。

（割　引　手　形）	1,960	（受　取　手　形）	2,000
（手 形 売 却 損）	60	（保　証　債　務）	20

　　なお、手形を割り引いた場合はその割引高を貸借対照表等に関する注記として記載する。

(2) 売掛金

　・A社に対する売掛金

（破 産 更 生 債 権 等）	9,500	（売　　掛　　金）	9,500

　・電子記録債権

（電 子 記 録 債 権）	10,000	（売　　掛　　金）	10,000

(3) 貸付金

　　短期のもの7,600は流動資産に短期貸付金、長期のもの11,400は投資その他の資産に長期貸付金として表示する。

(4) 貸倒引当金

　・貸借対照表　貸倒引当金

　　流動資産　　　839　（一般債権※1）

　　投資その他の資産　　114（一般債権※2）　＋　9,000（破産更生債権等※3）　＝9,114

　　※1　（21,000（受取手形）＋10,000（電子記録債権）＋45,300（売掛金）＋7,600（短期貸付金））× 1 ％＝839

　　※2　11,400（長期貸付金）× 1 ％＝114

　　※3　7,000（受取手形）＋9,500（売掛金）－7,500（担保処分見込額）＝9,000

　・損益計算書　貸倒引当金繰入

　　販売費及び一般管理費　839＋114（一般債権）－200（T/B貸引）＝753

　　特別損失　9,000（破産更生債権等）

■問題7

解答

貸 借 対 照 表
X3年 3 月31日現在　　　　　　　　　　（単位：千円）

Ⅰ　流 動 資 産		
受　取　手　形	60,000	
売　　掛　　金	（　120,000）	
貸 倒 引 当 金	（△　3,600）	
Ⅱ　固 定 資 産		
1　有 形 固 定 資 産		
土　　　　　地	（　365,000）	
3　投資その他の資産		
破 産 更 生 債 権 等	（　1,800）	
貸 倒 引 当 金	（△　1,800）	

損 益 計 算 書
自X2年 4 月 1 日　至X3年 3 月31日　　　（単位：千円）

Ⅲ　販売費及び一般管理費		
貸 倒 引 当 金 繰 入	（	2,400）
Ⅶ　特　別　損　失		
貸 倒 引 当 金 繰 入	（	1,800）
貸　倒　損　失	（	16,200）

解説　（単位：千円）

1(1)　代物弁済に係る会計処理が未済であるため、決算において修正する。

（土　　　　　　　地）　　15,000　　（破 産 更 生 債 権 等）　　20,000

（貸 倒 引 当 金）　　5,000

(2)　破産更生債権等は問題の指示により全額を投資その他の資産に表示する。

（貸　倒　損　失）　　16,200※　　（売　　掛　　金）　　18,000

（破 産 更 生 債 権 等）　　1,800

　　※　18,000×90％＝16,200

2(1) 貸倒引当金

流動資産

$$(\underset{受手}{60,000} + \underset{売掛}{120,000}) \times 2\% = 3,600$$

投資その他の資産

1,800

(2) 貸倒引当金繰入

販売費及び一般管理費

$$3,600 - \overset{※}{1,200} = 2,400$$

$$※ \quad \underset{T/B貸引}{6,200} - 5,000 = 1,200$$

特別損失

1,800

破産更生債権等については、債権総額から担保等処分見込額を控除した残額を引当計上するとあるが、担保等がないため、全額を引当計上する。

■問題 8

解答

貸 借 対 照 表 （単位：千円）

Ⅰ 流動資産			Ⅰ 流動負債		
受 取 手 形	(12,250)		（未 払 費 用）	(2,500)	
売 掛 金	(22,540)		（修 繕 引 当 金）	(500)	
未 収 金	(1,960)		Ⅱ 固定負債		
Ⅱ 固定資産			（退職給付引当金）	(4,000)	
3 投資その他の資産			（役員退職慰労引当金）	(1,350)	
長 期 貸 付 金	(6,860)				

（重要な会計方針に係る事項に関する注記）

1．引当金の計上基準

　　貸倒引当金…金銭債権の貸倒損失に備えるため、一般債権については貸倒実績率により回収不能見込額を計上している。

　　退職給付引当金…従業員の退職給付に備えるため、当期末における退職給付債務の見込額に基づき計上している。

　　役員退職慰労引当金…役員の退職慰労金の支出に備えるため、役員退職慰労金規程に基づく期末要支給額を計上している。

　　修繕引当金…翌期に予定している建物の修繕に備えるため、建物の修繕に対する見積額に基づき計上している。

（貸借対照表等に関する注記）

2．短期金銭債権の貸倒引当金は750千円であり、長期金銭債権の貸倒引当金は140千円である。

解 説 （単位：千円）

注記を行うべき貸倒引当金の金額

・短期金銭債権の貸倒引当金

受 取 手 形 $\overset{\text{T/B}}{12,500} \times 2\% = 250$

売 掛 金 $\overset{\text{T/B}}{23,000} \times 2\% = 460$

未 収 金 $\overset{\text{T/B}}{2,000} \times 2\% = \underline{40}$

$\overline{\overline{750}}$

・長期金銭債権の貸倒引当金

長期貸付金 $7,000 \times 2\% = 140$

貸借対照表に計上すべき金額

・流動資産

受 取 手 形 $\overset{\text{T/B}}{12,500} - \overset{\text{貸引}}{250} = 12,250$

売 掛 金 $\overset{\text{T/B}}{23,000} - \overset{\text{貸引}}{460} = 22,540$

未 収 金 $\overset{\text{T/B}}{2,000} - \overset{\text{貸引}}{40} = 1,960$

・投資その他の資産

長期貸付金 $\overset{\text{T/B}}{7,000} - \overset{\text{貸引}}{140} = 6,860$

従業員賞与

　従業員への賞与支給額が確定しており、その支給額が支給対象期間に対応して算定されている場合には、当期に帰属する額を流動負債に「未払費用」として表示する。

退職給付引当金

$\overset{\text{T/B}}{3,000} + \overset{\text{退職給付費用}}{1,000} = 4,000$

役員退職慰労引当金

$\overset{\text{T/B}}{1,000} + \overset{\text{当期繰入額}}{350} = 1,350$

■問題9

解答

退職給付費用	37,400千円
退職給付引当金	92,400千円

解説 (単位：千円)

(1) 期首退職給付費用の設定仕訳

（退職給付費用）　37,400 ※　（退職給付引当金）　37,400

※　35,000 + 4,500 − 2,100 ＝37,400
　　（勤務費用）（利息費用(注1)）（期待運用収益(注2)）

（注1）　150,000 × 3.0% ＝4,500
　　　　（期首退職給付債務）（割引率）

（注2）　60,000 × 3.5% ＝2,100
　　　　（期首年金資産）（長期期待運用収益率）

(2) 期中一時金支給時の修正仕訳

（退職給付引当金）　3,000　（仮　払　金）　3,000

(3) 期中年金掛金拠出時の修正仕訳

（退職給付引当金）　32,000　（仮　払　金）　32,000

(4) 期中年金基金からの給付時の仕訳

仕訳なし

■問題10

解答

退職給付費用　　| 38,000千円 |

退職給付引当金　| 93,000千円 |

解説　（単位：千円）

1．退職給付に係る仕訳

　(1)　期首退職給付費用の設定仕訳

　　（退 職 給 付 費 用）　　　37,400[※]　　（退 職 給 付 引 当 金）　　　37,400

　　　　※　勤務費用　　利息費用(注1)　期待運用収益(注2)
　　　　　　35,000 ＋　　4,500　－　　2,100　＝ 37,400

　　　（注1）期首退職給付債務　　割引率
　　　　　　　　150,000　　×3.0％ ＝ 4,500

　　　（注2）期首年金資産　　長期期待運用収益率
　　　　　　　　60,000　　×　　3.5％　＝ 2,100

　(2)　期中一時金支給時の修正仕訳

　　（退 職 給 付 引 当 金）　　　3,000　　（仮　　　払　　　金）　　　3,000

　(3)　期中年金掛金拠出時の修正仕訳

　　（退 職 給 付 引 当 金）　　　32,000　　（仮　　　払　　　金）　　　32,000

　(4)　期中年金基金からの給付時の仕訳

　　仕訳なし

2．期末数理計算上の差異の算定

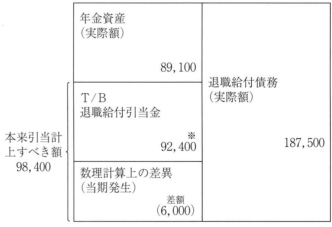

　　　　　　　期首　　　1.(1)　　1.(2)　　1.(3)
　　※　90,000＋37,400－3,000－32,000＝92,400

３．退職給付費用及び退職給付引当金の算定

（1） 退職給付費用

①　数理計算上の差異の費用処理

（退 職 給 付 費 用）　　　　　600 ※　　（退 職 給 付 引 当 金）　　　　　600

※　6,000÷10年＝ 600 〔数理計算上の差異の費用処理額〕

②　退職給付費用の算定

37,400 〔1.(1)〕 ＋ 600 〔数理計算上の差異の費用処理額〕 ＝38,000

（2） 退職給付引当金

90,000 〔期首〕 ＋ 37,400 〔退職給付費用（期首）〕 － 32,000 〔年金拠出〕 － 3,000 〔一時金〕 ＋ 600 〔退職給付費用（期末）〕 ＝93,000

■問題11

解 答

退職給付費用	18,000千円
退職給付引当金	83,000千円

解 説 （単位：千円）

1. 期首退職給付引当金の分析

期首年金資産 200,000	
未認識数理計算上の差異 ［ 費 用 処 理 後 退職給付費用増加 ］ 20,000	期首退職給付債務 300,000
期首退職給付引当金 80,000	

2. 退職給付に係る仕訳

(1) 期首退職給付費用の設定仕訳

期首の未認識数理計算上の差異20,000は全て前期に発生したものであることに留意すること。

（退 職 給 付 費 用） 18,000 ※ （退 職 給 付 引 当 金） 18,000

※ 勤務費用 利息費用 期待運用収益 （注)
15,000 ＋ 9,000 － 8,000 ＋2,000＝18,000

（注） 未認識数理計算上の差異
20,000 ÷10年＝2,000

(2) 期中一時金支払時の修正仕訳

（退 職 給 付 引 当 金） 9,000 （退 職 給 付 費 用） 9,000

(3) 期中年金掛金拠出時の修正仕訳

（退 職 給 付 引 当 金） 6,000 （退 職 給 付 費 用） 6,000

(4) 期中退職年金からの給付時の仕訳

仕訳なし

3. 退職給付引当金の算定

期首 退職給付費用(期首) 年金拠出 一時金
80,000 ＋ 18,000 － 6,000 －9,000＝83,000

■問題12

解 答

退職給付費用	9,900千円
退職給付引当金	70,900千円

解 説 (単位：千円)

(退職給付引当金)	8,000	(仮 払 金)	8,000
(退職給付費用)※	9,900	(退職給付引当金)	9,900

※ 当期末退職給付引当金 70,900 － (前期末退職給付引当金 69,000 － 期中退職金支給額 8,000) ＝ 9,900

■問題13

解 答

退職給付費用	11,000千円
退職給付引当金	47,000千円

解 説 (単位：千円)

1．退職一時金制度

(1) 一時金支給

(退職給付引当金)	6,000	(仮 払 金)	6,000

(2) 期末退職給付費用の計上

(退職給付費用)※	8,000	(退職給付引当金)	8,000

※ 当期末要支給額 27,000 － (前期末要支給額 25,000 － 一時金支給額 6,000) ＝ 8,000

2．企業年金制度

(1) 掛金拠出

(退職給付引当金)	3,000	(仮 払 金)	3,000

(2) 期末退職給付費用の計上

(退職給付費用)※	3,000	(退職給付引当金)	3,000

※ 当期末退職給付引当金(注1) 20,000 － (前期末退職給付引当金(注2) 20,000 － 掛金拠出額 3,000) ＝ 3,000

(注1) 当期末数理債務 65,000 － 当期末年金資産 45,000 ＝ 20,000

(注2) 前期末数理債務 50,000 － 前期末年金資産 30,000 ＝ 20,000

第5回　有価証券

■問題1

解答

問1

貸 借 対 照 表

X2年3月31日現在　　　　　　　（単位：千円）

資 産 の 部

Ⅰ　流 動 資 産

　（有 価 証 券）　（　　　26,400）

Ⅱ　固 定 資 産

　3　投資その他の資産

　（投資有価証券）　（　　　1,920）

　（関係会社株式）　（　1,004,565）

損 益 計 算 書

自X1年4月1日

至X2年3月31日　　　（単位：千円）

⋮

Ⅳ　営 業 外 収 益

　（有価証券売却益）　　　　（　　　　300）

　（有価証券評価益）　　　　（　　　　400）

　（有 価 証 券 利 息）　　　（　　　　120）

⋮

Ⅶ　特 別 損 失

　（関係会社株式評価損）　　（　　　5,810）

問2

投資有価証券	1,918千円
有価証券利息	118千円

解　説 （単位：千円）

問1

(1) A社株式（売買目的有価証券に該当）

A社株式は、売買目的有価証券であるため、時価で評価する。

貸借対照表価額＝@980円×20,000株＝19,600

評価損＝(@1,000円$\underset{取得原価}{}$－@980円$\underset{時価}{}$)×20,000株＝400

売却益＝(@1,100円$\underset{売価}{}$－@1,000円$\underset{原価}{}$)×3,000株＝300

(2) B社株式（売買目的有価証券に該当）

B社株式は、売買目的有価証券であるため、時価で評価する。

貸借対照表価額＝@1,700円×4,000株＝6,800

評価益＝(@1,700円$\underset{時価}{}$－@1,500円$\underset{取得原価}{}$)×4,000株＝800

(3) C社株式（子会社株式に該当）

C社は子会社（1,250,000株÷2,000,000株＝62.5％＞50％）であるため関係会社株式に該当し、取得原価をもって貸借対照表価額とする。

(4) D社株式（子会社株式に該当）

D社は子会社（20,750株÷25,000株＝83％＞50％）であるため関係会社株式に該当する。なお、D社は財政状態の悪化により、実質価額が著しく低下しているため、D社株式については減損処理を行う。減損処理により生じた評価損（関係会社株式評価損）は特別損失に表示する。

所有株式の実質価額＝($\underset{諸資産}{18,000}$－$\underset{諸負債}{12,500}$)×$\dfrac{20,750株}{25,000株}$＝4,565

評価損＝20,750株×@500円－4,565＝5,810

(5) E社社債（満期保有目的の債券に該当）

E社社債は、満期保有目的の債券であり、償却原価法（定額法）に基づいて算定された価額をもって貸借対照表価額とする。

E社社債から生じた約定利息については、有価証券利息として処理し、償却原価法による償却額とともに営業外収益に表示する。

E社社債から生じた約定利息＝20,000口×@100円×5％＝100

償却原価法による償却額＝20,000口×(@100円－@95円)×$\dfrac{12ケ月}{5年×12ケ月}$＝20

問2

X1年4月1日の仕訳

（投 資 有 価 証 券）　　　　1,900　　　（現　金　預　金）　　　　1,900

X2年3月31日の仕訳

（現　金　預　金）　　100 ※2　　（有 価 証 券 利 息）　　118 ※1

（投 資 有 価 証 券）　　18 差額

※1　1,900×6.19％＝118（百円の位四捨五入）

※2　20,000口×@100円×5％＝100

■問題2

解答

貸借対照表

X2年3月31日現在　　　　　　　　　　　　　（単位：千円）

Ⅰ　流　動　資　産		
（未　収　入　金）（　　14,000）		
Ⅱ　固　定　資　産		
3　投資その他の資産	Ⅰ　株　主　資　本	
（投資有価証券）（　　37,000）	Ⅱ　評価・換算差額等	
（関係会社株式）（　　50,000）	1　（その他有価証券評価差額金）（　　△6,500）	
（繰延税金資産）（　　3,500）		

損　益　計　算　書

自X1年4月1日　至X2年3月31日　　（単位：千円）

Ⅵ　特　別　利　益	
（投資有価証券売却益）	（　　8,000）

解説 （単位：千円）

(1)　G社株式（その他有価証券に該当）

　問題文の「売買目的有価証券に該当するものはない。」よりG社株式はその他有価証券に該当する。問題の指示に従い、全部純資産直入法により処理を行う。

（投資有価証券）	32,000	（有　価　証　券）	32,000
（繰延税金資産）※	3,500	（投資有価証券）	10,000
（その他有価証券評価差額金）差額	6,500		

　※　（32,000 - 22,000）× 35% = 3,500

(2)　H社株式（その他有価証券に該当）

　「取引上の関係から長期間保有」していたものであるため、その他有価証券に該当する。なお、X2年3月30日に売却を行い、株式の引渡し及び入金は翌期であるが、約定日基準により約定日の属する当期に売却を認識する。また、取引上の関係から長期間保有していた有価証券を売却したことにより生じた売却益は、特別利益に表示する。

（投資有価証券）	6,000	（有　価　証　券）	6,000
（未　収　入　金）	14,000	（投資有価証券）	6,000
		（投資有価証券売却損益）	8,000

　売却に伴う手数料については、借方に計上し、総額表示により処理することも認められるが、上場株式は証券会社等を通じて売却し、手数料等が差し引かれた手取額により送金されるため、実務的には純額で処理がされる。

(3) 甲社株式（子会社株式に該当）

　　出資比率が100％（50％超）であることから甲社は子会社に該当するため、関係会社株式として投資その他の資産に表示する。

　　（関 係 会 社 株 式）　　　30,000　　　（有　価　証　券）　　　30,000

(4) 乙社株式（関連会社株式に該当）

　　出資比率が50％（20％以上）であることから乙社は関連会社に該当するため、関係会社株式として投資その他の資産に表示する。

　　（関 係 会 社 株 式）　　　20,000　　　（有　価　証　券）　　　20,000

(5) 丙社株式（その他有価証券に該当）

　　出資比率が12％であるため、丙社はその他有価証券に該当し、市場価格のない株式であるため、取得原価により、投資有価証券として投資その他の資産に表示する。

　　（投 資 有 価 証 券）　　　15,000　　　（有　価　証　券）　　　15,000

■問題3

解答

貸 借 対 照 表

X2年3月31日現在　　　　　　　　　　（単位：千円）

Ⅰ　流　動　資　産			Ⅱ　固　定　負　債	
現　金　預　金	100,000		繰 延 税 金 負 債 　（	175）
Ⅱ　固　定　資　産				
3　投資その他の資産			Ⅰ　株　主　資　本	
投 資 有 価 証 券 　（	56,100）		4　自 己 株 式 　（△	2,500）
関 係 会 社 株 式 　（	45,000）		Ⅱ　評価・換算差額等	
			1　（その他有価証券評価差額金）　（	325）

損 益 計 算 書

自X1年4月1日　至X2年3月31日　　　　（単位：千円）

Ⅳ　営　業　外　収　益			
受　取　配　当　金			700
有　価　証　券　利　息		（	200）
Ⅵ　特　別　利　益			
（投資有価証券売却益）		（	2,500）
Ⅶ　特　別　損　失			
（投資有価証券評価損）		（	5,500）

解説　（単位：千円）

(1)　A社株式（その他有価証券に該当）

（投 資 有 価 証 券）	10,000	（有　価　証　券）	10,000
（投資有価証券評価損）	5,500※	（投 資 有 価 証 券）	5,500

　※　期末時価が取得原価の50％以上下落しているため、減損処理を行う。

(2)　B社株式（関連会社株式に該当）

（関 係 会 社 株 式）	45,000	（有　価　証　券）	45,000

(3)　C社社債（満期保有目的の債券に該当）

（投 資 有 価 証 券）	9,000	（有　価　証　券）	9,000

　償却原価法（定額法）

（投 資 有 価 証 券）	100※	（有 価 証 券 利 息）	100

　※　$(10,000-9,000)\times\dfrac{6ケ月}{5年\times12ケ月}=100$

(4) D社株式（その他有価証券に該当）

（投 資 有 価 証 券）	40,000	（有 価 証 券）	40,000	

売却

（仮 受 金）	23,500	（投 資 有 価 証 券）	21,000 ※	
		（投資有価証券売却損益）	2,500	

※　$(40,000 + 23,000) \times \dfrac{1}{3} = 21,000$

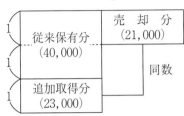

売却原価は総平均法で算定することに留意する。「半数を売却」とあるため、従来保有数を2、売却数及び売却数と同数である追加取得数を1と仮定し、売却原価を算定する。なお、資金繰りの都合により売却したことから、特別利益に投資有価証券売却益として表示する。

購入

（投 資 有 価 証 券）	23,000	（仮 払 金）	23,000

期末時価評価

（投 資 有 価 証 券）	500	（繰 延 税 金 負 債）	175 ※
		（その他有価証券評価差額金）	差額 325

※　$\underset{期末時価}{(42,500} - 42,000) \times 35\% = 175$

■問題4

解答

貸借対照表 　　　　　　　　　　　　　　　　　（単位：千円）

Ⅱ 固 定 資 産		Ⅱ 固 定 負 債	
3　投資その他の資産		（繰 延 税 金 負 債）	（　　　11,900）
（投 資 有 価 証 券）	（　　　72,000）		
		Ⅱ　評価・換算差額等	
		（その他有価証券評価差額金）	（　　　22,100）

損 益 計 算 書 　　　　　　　　　　　　　　（単位：千円）

Ⅶ 特 別 損 失

　　（投資有価証券評価損）　　　　　　　　　　　　　（　　　22,000）

解説 （単位：千円）

1　F社株式（その他有価証券に該当）

（投 資 有 価 証 券）	36,000	（有 価 証 券）	36,000

期首振戻処理

（投 資 有 価 証 券）	4,000	（繰 延 税 金 負 債）	1,400 ※
			差額
		（その他有価証券評価差額金）	2,600

※　$\underset{\text{取得原価}}{(40,000} - \underset{\text{前期末時価}}{36,000}) \times 35\% = 1,400$

減損処理

（投資有価証券評価損）	22,000 ※	（投 資 有 価 証 券）	22,000

※　$\underset{\text{取得原価}}{40,000} - \underset{\text{当期末時価}}{18,000} = 22,000$

2　G社株式（その他有価証券に該当）

（投 資 有 価 証 券）	41,000	（有 価 証 券）	41,000

期首振戻処理

（繰 延 税 金 負 債）	7,350	（投 資 有 価 証 券）	21,000 ※2
（その他有価証券評価差額金）	13,650 ※1		

※1　$\underset{\text{T/Bそ評差}}{11,050} + \underset{\text{F株振戻}}{2,600} = 13,650$

※2　$13,650 \div (1 - 35\%) = 21,000$

期末時価評価

（投 資 有 価 証 券）	34,000	（繰 延 税 金 負 債）	11,900 ※
			差額
		（その他有価証券評価差額金）	22,100

※　$(\underset{\text{当期末時価}}{54,000} - \underset{\text{取得原価}}{20,000}) \times 35\% = 11,900$

■問題5

解答

貸 借 対 照 表

X2年3月31日現在 （単位：千円）

資 産 の 部

Ⅰ 流 動 資 産

  （有 価 証 券） （ 23,000）

Ⅱ 固 定 資 産

  3 投資その他の資産

  （投 資 有 価 証 券） （ 23,500） 　　　　純 資 産 の 部

  （関 係 会 社 株 式） （ 2,500）

  （繰 延 税 金 資 産） （ 350） Ⅱ 評価・換算差額等

  （ゴ ル フ 会 員 権） （ 10,000） 　1 （その他有価証券評価差額金） （△ 650）

  貸 倒 引 当 金 （△ 5,000）

損 益 計 算 書

自X1年4月1日 至X2年3月31日 （単位：千円）

  Ⅳ 営 業 外 収 益

    （有 価 証 券 利 息） （ 400）

  Ⅴ 営 業 外 費 用

    （有 価 証 券 評 価 損） （ 4,500）

  Ⅶ 特 別 損 失

    （関係会社株式評価損） （ 3,500）

    （ゴルフ会員権評価損） （ 30,000）

    （貸 倒 引 当 金 繰 入） （ 5,000）

解説 （単位：千円）

(1) 甲社株式（売買目的有価証券に該当）

  （有 価 証 券 評 価 損 益） 4,500 （有 価 証 券） 4,500

(2) 乙社株式（子会社株式に該当）

乙社の議決権を40%以上保有し、一定の要件を満たしているため、子会社に該当する。また、期末時価が取得原価の50%以上下落しているため減損処理を行う。

（関 係 会 社 株 式）	6,000	（有 価 証 券）	6,000
（関係会社株式評価損）	3,500	（関 係 会 社 株 式）	3,500

(3) 丙社株式（その他有価証券に該当）

（投 資 有 価 証 券）	15,000	（有 価 証 券）	15,000
（繰 延 税 金 資 産）	350	（投 資 有 価 証 券）	1,000
（その他有価証券評価差額金）	650		

(4) A社社債（満期保有目的の債券に該当）

（投 資 有 価 証 券）	9,400	（有 価 証 券）	9,400
（投 資 有 価 証 券）	100	（有 価 証 券 利 息）	100 ※

※ 償却原価法（定額法）

$$(10,000-9,400) \times \frac{6 \, ヶ月}{3 \, 年 \times 12 \, ヶ月} = 100$$

(5) B公社債投資信託

元本毀損の恐れがなく容易に換金可能な預金と同様の性格を有するため、取得原価により評価し、流動資産に有価証券として表示する。

(6) Cゴルフ会員権

時価の著しい下落が生じており、回復の見込みは不明であるため減損処理を行う。当該ゴルフ会員権は預託保証金形式のものであり、預託保証金の額を上回る部分は直接評価損を計上し、期末時価が預託保証金を下回る部分については貸倒引当金を設定する。

（ゴ ル フ 会 員 権）	40,000	（有 価 証 券）	40,000
（ゴルフ会員権評価損）	30,000 ※1	（ゴ ル フ 会 員 権）	30,000
（貸 倒 引 当 金 繰 入）	5,000 ※2	（貸 倒 引 当 金）	5,000

※1　取得原価　預託保証金
40,000 − 10,000 ＝ 30,000

※2　預託保証金　期末時価
10,000 − 5,000 ＝ 5,000

第6回　税効果会計

■問題1

解答

（単位：千円）

設問	財務諸表の種類	表示区分	表示科目	金額
1	貸借対照表	投資その他の資産	繰延税金資産	17,500
	損益計算書	法人税、住民税及び事業税の次	法人税等調整額	△17,500
2	貸借対照表	投資その他の資産	繰延税金資産	5,775
	損益計算書	法人税、住民税及び事業税の次	法人税等調整額	△5,775
3	貸借対照表	投資その他の資産	繰延税金資産	6,300
	損益計算書	法人税、住民税及び事業税の次	法人税等調整額	△525
4	貸借対照表		な　し	
	損益計算書	法人税、住民税及び事業税の次	な　し	

解説 （単位：千円）

【設問1】

（繰延税金資産）　　　17,500　　（法人税等調整額）　　　17,500

減算一時差異
$50,000 \times 35\% = 17,500$

　税務上は、一定の繰入限度額までの損金算入しか認められていない（税務上、役員退職慰労引当金の損金算入は認められていない。）。そのため、その限度額を超える部分について会計上の負債の額と税務上の負債の額に差異が生ずることになる。この差異は将来減算一時差異に該当する。

【設問2】

（繰延税金資産）　　　5,775　　（法人税等調整額）　　　5,775

減算一時差異
$(35,000 - 18,500) \times 35\% = 5,775$

　税務上は、事業税を納付した時に法人税の課税所得の計算上損金算入が認められていることから、未払事業税は将来減算一時差異に該当することとなる。

【設問3】

| （法 人 税 等 調 整 額） | 5,775 | （繰 延 税 金 資 産） | 5,775 |
| （繰 延 税 金 資 産） | 6,300※ | （法 人 税 等 調 整 額） | 6,300 |

※　$\underset{減算一時差異}{(36,000-18,000)} \times 35\% = 6,300$

　設問2の未払事業税は、第Ⅱ期に納付することによって損金算入されることになり、差異が解消することになる。また、第Ⅱ期の未払事業税については、新たに差異が生ずることになる。なお、法人税等調整額は差異解消分を考慮して純額で表示する。

【設問4】

　仕訳なし

　交際費は永久差異に該当するため、税効果会計の適用はない。

■問題2

解答

<貸借対照表>

（単位：千円）

表　示　区　分	表　示　科　目	金　　額
投 資 そ の 他 の 資 産	投 資 有 価 証 券	22,900
投 資 そ の 他 の 資 産	繰 延 税 金 資 産	195,055
評 価 ・ 換 算 差 額 等	その他有価証券評価差額金	△1,170

<損益計算書>

（単位：千円）

表　示　区　分	表　示　科　目	金　　額
特　　　別　　　損　　　失	投 資 有 価 証 券 評 価 損	2,500
法人税、住民税及び事業税の次	法 人 税 等 調 整 額	△22,225

解説 （単位：千円）

(1) その他有価証券

・A社株式

（投 資 有 価 証 券）	6,000	（有　価　証　券）	4,000
		（繰 延 税 金 負 債）※	700
		（その他有価証券評価差額金）差額	1,300

$$※ \quad (\underset{期末時価}{6,000} - \underset{帳簿価額}{4,000}) \times 35\% = 700$$

・B社株式

（投 資 有 価 証 券）	8,200	（有　価　証　券）	12,600
（繰 延 税 金 資 産）※	1,540		
（その他有価証券評価差額金）差額	2,860		

$$※ \quad (\underset{取得原価}{12,600} - \underset{期末時価}{8,200}) \times 35\% = 1,540$$

・C社株式

（投 資 有 価 証 券）	7,200	（有　価　証　券）	6,600
		（繰 延 税 金 負 債）※	210
		（その他有価証券評価差額金）差額	390

$$※ \quad (\underset{期末時価}{7,200} - \underset{取得原価}{6,600}) \times 35\% = 210$$

・D社株式

（投 資 有 価 証 券）	1,500	（有　価　証　券）	4,000
（投資有価証券評価損）	2,500		

(2) 一時差異

・繰延税金資産 　　　$555,500 \times 35\% + (1,540 - 700 - 210) = 195,055$

・法人税等調整額

$\underset{T/B}{172,200} - 555,500 \times 35\% = \triangle 22,225$（貸方残）

その他有価証券の評価差額については、全部純資産直入法を採用しているため、考慮しないことに留意する。

■問題3

解 答

税効果会計に関する注記

繰延税金資産の発生原因別の主な内訳

（単位：千円）

繰延税金資産	
将来減算一時差異	
貸倒引当金	（　　　　　1,225）
未払事業税	（　　　　　3,150）
その他有価証券評価差額金	（　　　　　2,800）
退職給付引当金	（　　　　28,000）
その他	（　　　　17,878）
繰延税金資産合計	（　　　　53,053）

解 説 （単位：千円）

当期末の一時差異及びそれに基づく繰延税金資産は次のとおりである。

	当期末の一時差異	繰延税金資産 （一時差異×35％）
①	貸倒引当金　3,500	1,225
②	未払事業税　9,000	3,150
③	その他有価証券の評価差額　8,000	2,800
④	退職給付引当金　80,000	28,000
⑤	その他　51,080	17,878

① 貸倒引当金

　　繰延税金資産　$3,500 \times 35\% = 1,225$

② 未払事業税

　　繰延税金資産　$\overset{※}{9,000} \times 35\% = 3,150$

　　※　$\overset{事・年税}{24,000} - \overset{事・中間}{15,000} = 9,000$

③ その他有価証券の評価差額

　　繰延税金資産　$\overset{※3}{8,000} \times 35\% = 2,800$

　　※1　$\overset{取得原価}{83,000} - \overset{期末時価}{80,000} = \overset{A社}{3,000}$

　　※2　$\overset{取得原価}{35,000} - \overset{期末時価}{30,000} = \overset{B社}{5,000}$

　　※3　$3,000 + 5,000 = 8,000$

④ 退職給付引当金

　　繰延税金資産　$\overset{期末自己都合要支給額}{80,000} \times 35\% = 28,000$

⑤ その他

　　繰延税金資産　$51,080 \times 35\% = 17,878$

■問題4

解 答

①	8,700
②	5,049
③	評価性引当額
④	△4,800
⑤	△4,785

解 説　（単位：千円）

1．資産除去債務

・繰延税金資産（②の金額）

$$(\overset{取得時※1}{16,500} + \overset{利息費用※2}{330}) \times 30\% = 5,049$$

　　※1　$30,000 \times 0.55 = 16,500$

　　※2　$16,500 \times 2.0\% = 330$

・繰延税金負債（⑤の金額）

$$(16,500 - \overset{減価償却費※}{550}) \times 30\% = 4,785$$

　　※　$16,500 \times \dfrac{1年}{30年} = 550$

2．減損損失

・繰延税金資産（①の金額）

資産グループの帳簿価額　回収可能価額
$$362,500 - 333,500 = 29,000$$

$$29,000 \times 30\% = 8,700$$

・評価性引当額（④の金額）

土地に対する減損損失に係る繰延税金資産については、回収可能性がないため、「評価性引当額」として繰延税金資産の算定上減額する。

土地に対する減損損失※
$$16,000 \times 30\% = 4,800$$

$$※ \quad 29,000 \times \frac{200,000}{362,500} = 16,000$$

第7回　外貨建取引

■問題1

解　答

貸 借 対 照 表

X2年3月31日現在　　　　　　　　　（単位：千円）

I　流　動　資　産			I　流　動　負　債		
現　金　預　金	（	37,325)	買　　掛　　金	（	25,634)
短　期　貸　付　金	（	2,260)			
II　固　定　資　産					
3．投資その他の資産					
（長　期　貸　付　金）	（	13,650)			

為替差損益の金額

為替差（　損　）　　　　　　587千円

解 説 （単位：千円）

(1) 現金預金

外貨預金については、決算日の為替相場による円換算額を付する。

（為 替 差 損 益）　　　　175　　　（現 金 預 金）　　　　175

3,000÷120円＝25千ドル

25千ドル×113円＝2,825

3,000−2,825＝175

(2) 貸付金

・Z社に対するもの

外貨建金銭債権については、決算日の為替相場による円換算額を付する。

（為 替 差 損 益）　　　　40　　　（貸 付 金）　　　　40

20千ドル×113円＝2,260

2,300−2,260＝40

なお、当該貸付金は一年基準により流動資産に短期貸付金として表示する。

・X社に対するもの

外貨建金銭債権については、決算日の為替相場による円換算額を付する。

（貸 付 金）　　　　400　　　（為 替 差 損 益）　　　　400

50千ドル×113円＝5,650

5,650−5,250＝400

なお、当該貸付金は一年基準により投資その他の資産に長期貸付金として表示する。

・上記以外

一年基準により投資その他の資産に長期貸付金として表示する。

(3) A社買掛金

まず、未処理となっている掛仕入に関する処理を行う。

（仕 入）　　　　1,962　　　（買 掛 金）　　　　1,962

また、外貨建金銭債務については、決算日の為替相場による円換算額を付する。

（為 替 差 損 益）　　　　72　　　（買 掛 金）　　　　72

18千ドル×113円＝2,034

2,034−1,962＝72

(4) B社買掛金

外貨建金銭債務については、決算日の為替相場による円換算額を付する。

（為 替 差 損 益）　　　　100　　　（買 掛 金）　　　　100

20千ドル×（113円−108円）＝100

■問題 2

解答

<u>貸　借　対　照　表</u>

X2年 3 月31日現在　　　　　　　　　　　　　　（単位：千円）

Ⅰ　流　動　資　産				
現　金　預　金	（　192,100）			
Ⅱ　固　定　資　産		Ⅱ　固　定　負　債		
3.投資その他の資産		（長　期　借　入　金）	（　26,660）	
（長　期　性　預　金）	（　33,600）			
（長　期　前　払　費　用）	（　39）			

<u>損　益　計　算　書</u>　　　　　　　　　　　　（単位：千円）

自X1年 4 月 1 日　至X2年 3 月31日

営　業　外　収　益

　　（為　替　差　益）　　　　　　　　　（　219）

解説　（単位：千円）

(1) 現金預金

外貨建定期預金については、決算日の為替相場による円換算額を付する。

（為　替　差　損　益）	300	（現　金　預　金）	300

300千ドル×112円＝33,600

33,900－33,600＝300

なお、1 年基準により外貨建定期預金は投資その他の資産に長期性預金として表示する。

(2) 借入金

①の借入金

(イ) 予約日の適正処理

（為　替　差　損　益）	60	（借　　入　　金）	60
（長　期　前　払　費　用）	60	（借　　入　　金）	60

直直差額　60千ドル×（110円－109円）＝60

直先差額　60千ドル×（111円－110円）＝60

直先差額については、予約時において長期前払費用として処理する。

また、当該借入金はX3年 4 月30日に返済されるものであるため、固定負債に長期借入金として表示する。

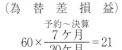

(ロ) 決算日の適正処理

(為替差損益)	21	(長期前払費用)	21

$$60 \times \frac{\overset{\text{予約～決算}}{7ケ月}}{\underset{\text{予約～決済}}{20ケ月}} = 21$$

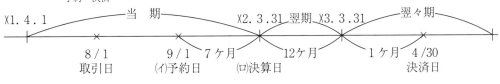

②の借入金

(借入金)	33,900	(仮払金)	33,300
		(為替差損益)	600

③の借入金

X5年7月31日に一括返済されるものであるため、固定負債に長期借入金として表示する。

■問題3

解 答

貸 借 対 照 表

X2年3月31日現在　　　　　　　　（単位：千円）

I 流 動 資 産

　　現 金 預 金　　（　　117,000）

　　売 掛 金　　（　　347,000）

　　短 期 貸 付 金　　（　　167,300）

　　（未 収 収 益）　　（　　　　510）

　　（為 替 予 約）　　（　　　　600）

II 固 定 資 産

　3 投資その他の資産

　　長 期 貸 付 金　　（　　80,600）

損 益 計 算 書

自X1年4月1日　至X2年3月31日　　（単位：千円）

IV 営 業 外 収 益

　　（受 取 利 息）　　　　　（　　3,510）

V 営 業 外 費 用

　　（為 替 差 損）　　　　　（　11,000）

解 説 （単位：千円）

1 （為 替 差 損 益）　3,000　　（現 金 預 金）　3,000※

　※ $54,000 - \underset{\text{決算日レート}}{102円} \times 500千ドル = 3,000$

2 予約日 仕訳なし

　決算日

　（為 替 差 損 益）　3,000　　（売 掛 金）　3,000※1

　（為 替 予 約）　600※2　　（為 替 差 損 益）　600

　※1 $(\underset{\text{取引日レート}}{107円} - \underset{\text{決算日レート}}{102円}) \times 600千ドル = 3,000$

　※2 $(\underset{\text{予約日先物}}{104円} - \underset{\text{決算日先物}}{103円}) \times 600千ドル = 600$

3① （為 替 差 損 益）　2,100　　（貸 付 金）　2,100※

　※ $32,700 - \underset{\text{決算日レート}}{102円} \times 300千ドル = 2,100$

　　貸借対照表日後一年を超えて回収されるため、投資その他の資産に長期貸付金として表示する。

（未 収 利 息）	510	（受 取 利 息）	510 ※

※ $300千ドル \times 2\% \times \dfrac{10ケ月}{12ケ月} \times \overset{決算日レート}{102円} = 510$

② 貸付金のうち貸借対照表日後一年以内に回収されるもの（120,000）は流動資産に短期貸付金として表示し、一年を超えて回収されるもの（50,000）は投資その他の資産に長期貸付金として表示する。

■問題4

解 答

貸 借 対 照 表
X2年3月31日現在　　　　　　　（単位：千円）

資 産 の 部		負 債 の 部	
Ⅰ 流 動 資 産		┆	
（有 価 証 券）（　　17,050）		Ⅱ 固 定 負 債	
Ⅱ 固 定 資 産		（繰延税金負債）（　　　210）	
3 投資その他の資産		純 資 産 の 部	
（投資有価証券）（　124,630）		┆	
（関係会社株式）（　　55,000）		┆	
		Ⅱ 評価・換算差額等	
		1 （その他有価証券評 価 差 額 金）（　　　390）	

損 益 計 算 書
（単位：千円）

自X1年4月1日　至X2年3月31日

Ⅳ 営 業 外 収 益
　　（有 価 証 券 評 価 益）　　（　　　　100）
　　（有 価 証 券 利 息）　　（　　　　622）
Ⅴ 営 業 外 費 用
　　（為 替 差 損）　　（　　　1,006）
Ⅶ 特 別 損 失
　　（投資有価証券評価損）　　（　　24,000）
　　（関係会社株式評価損）　　（　　71,500）

(1)　A社株式（売買目的有価証券に該当）

　　売買目的有価証券に該当するため、外貨による時価を決算日の為替相場で換算し、換算差額は有価証券評価益として処理する。

　　（有　価　証　券）　　　　100　　（有価証券評価損益）　　　　100※

　　※　155,000米ドル× 110円 − 16,950 = 100
　　　　　時価　　　　　決算日の為替相場　帳簿価額

(2)　B社社債（満期保有目的の債券に該当）

　　満期保有目的の債券であるので、償却原価を決算日の為替相場で換算し、換算差額は為替差損益として処理する。なお、償却原価法の適用による当期償却額は、期中平均相場で換算し、有価証券利息に加減する。

　　（投 資 有 価 証 券）　　23,000　　（有　価　証　券）　　23,000
　　（為 替 差 損 益）　　　1,006※2　（有 価 証 券 利 息）　　　336※1
　　　　　　　　　　　　　　　　　　　（投 資 有 価 証 券）　　　670

　　※1　(260,000米ドル − 200,000米ドル) × $\dfrac{3 \text{ケ月}}{12 \text{ケ月} \times 5 \text{年}}$ = 3,000米ドル
　　　　　　額面金額　　　　　取得価額

　　　　　3,000米ドル× 112円 = 336
　　　　　当期償却額　　期中平均相場

　　※2　(200,000米ドル + 3,000米ドル) × 110円 = 22,330
　　　　　　　　　　　償却原価　　　　　　　決算日の為替相場

　　　　　(23,000 + 336) − 22,330 = 1,006
　　　　　帳簿価額　利息の調整

(3)　C社株式（子会社株式に該当）

　　市場価格のない外国子会社の株式であるが、実質価額が著しく低下しているので減損処理を行う。従って、外貨による実質価額を決算日の為替相場で換算し、換算差額は関係会社株式評価損として処理する。

　　（関 係 会 社 株 式）　　126,500　　（有　価　証　券）　　126,500
　　（関係会社株式評価損）　71,500　　（関 係 会 社 株 式）　　71,500※

　　※　126,500 − 500,000米ドル× 110円 = 71,500
　　　　　帳簿価額　　実質価額　　　決算日の為替相場

(4)　D社株式（その他有価証券に該当）

　　その他有価証券であるので、外貨による時価を決算日の為替相場で換算し、換算差額は税効果会計を適用の上、純資産の部にその他有価証券評価差額金として計上する。

　　（投 資 有 価 証 券）　　40,600　　（有　価　証　券）　　40,600※2
　　（投 資 有 価 証 券）　　1,200※1　（繰 延 税 金 負 債）　　　420
　　　　　　　　　　　　　　　　　　　（その他有価証券　　　　　780差額
　　　　　　　　　　　　　　　　　　　　評 価 差 額 金）

　　※1　380,000米ドル× 110円 − 40,600 = 1,200
　　　　　時価　　　　　決算日の為替相場　帳簿価額

　　※2　1,200 × 35% = 420

(5)　E社株式（その他有価証券に該当）

　　その他有価証券であるので、外貨による時価を決算日の為替相場で換算する。なお、時価は著しく下落し回復する見込みがないため、減損処理を行い、換算差額については、投資有価証券評価損として処理する。

| （投　資　有　価　証　券） | 46,000 | （有　　価　　証　　券） | 46,000 |
| （投資有価証券評価損） | 24,000 | （投　資　有　価　証　券） | 24,000 ※ |

　　　　　帳簿価額　　　　　時価　　　　　決算日の為替相場
　※　　46,000 － 200,000米ドル × 110円 ＝ 24,000

(6)　F社株式（その他有価証券に該当）

　　その他有価証券であるので、外貨による時価を決算日の為替相場で換算し、換算差額は税効果会計を適用の上、純資産の部にその他有価証券評価差額金として計上する。

（投　資　有　価　証　券）	39,100	（有　　価　　証　　券）	39,100 ※1
（繰　延　税　金　資　産）	210 ※2	（投　資　有　価　証　券）	600
（その他有価証券評価差額金）	390 差額		

　　　　　帳簿価額　　　　　時価　　　　　決算日の為替相場
　※1　　39,100 － 350,000米ドル × 110円 ＝ 600

　※2　　600 × 35％ ＝ 210

第8回　繰延資産

■問題1

解答

\<貸借対照表\>

（単位：千円）

表 示 区 分	表 示 科 目	金 額
繰　延　資　産	開　　発　　費	11,600
繰　延　資　産	株　式　交　付　費	2,500
繰　延　資　産	開　　業　　費	1,500

\<損益計算書\>

（単位：千円）

表 示 区 分	表 示 科 目	金 額
販売費及び一般管理費	開　発　費　償　却	400
営　業　外　費　用	株　式　交　付　費　償　却	2,500
営　業　外　費　用	開　業　費　償　却	1,500

解説　（単位：千円）

1．新市場開拓のために特別に支出した費用は、開発費であり、問題文の指示により資産計上し、その償却額は販売費及び一般管理費に表示する。

（開　　発　　費）	12,000	（仮　　払　　金）	12,000
（開　発　費　償　却）	400※	（開　　発　　費）	400

※　$12,000 \times \dfrac{2 \text{ケ月}}{5 \text{年} \times 12 \text{ケ月}} = 400$

2．問題の指示により、株式交付のときから3年で定額法により償却する。

（株　式　交　付　費　償　却）	2,500※	（株　式　交　付　費）	2,500

※　$5,000 \times \dfrac{12 \text{ケ月}}{3 \text{年} \times 12 \text{ケ月} - 12 \text{ケ月}} = 2,500$

3．問題の指示により、開業のときから5年で定額法により償却する。

（開　業　費　償　却）	1,500※	（開　　業　　費）	1,500

※　$3,000 \times \dfrac{12 \text{ケ月}}{5 \text{年} \times 12 \text{ケ月} - 36 \text{ケ月}} = 1,500$

■問題2

解答

<貸借対照表>

(単位:千円)

表 示 区 分	表 示 科 目	金 額
繰 延 資 産	社 債 発 行 費	2,600
固 定 負 債	社　　　　　　債	100,000

<損益計算書>

(単位:千円)

表 示 区 分	表 示 科 目	金 額
営 業 外 費 用	株 式 交 付 費	14,500
営 業 外 費 用	社 債 発 行 費 償 却	400

<重要な会計方針に係る事項に関する注記>

　1．繰延資産の処理方法

　　　株式交付費…支出時に費用として処理

　　　社債発行費…社債償還までの期間にわたり定額法により償却

解説　(単位:千円)

1．仮払金に関する事項

　(1)　期中の増資に係る株式募集のための広告費及び同募集のための金融機関の取扱手数料は株式交付費であり、問題文の指示により支出時に費用処理することから、営業外費用に計上する。

　(2)　自己株式の処分に伴い支出した費用は株式交付費であり、問題文の指示により支出時に費用処理することから、営業外費用に計上する。

2．社債に関する事項

　期末の仕訳(社債発行費)

　(社 債 発 行 費 償 却)　　　400※　　(社 債 発 行 費)　　　400

　※　$3,000 \times \dfrac{8 ケ月}{5 年 \times 12 ケ月} = 400$

第9回 税　金

■問題1

解　答

（単位：千円）

	表　示　区　分	表　示　科　目	金　　額
貸借対照表	流　動　負　債	未　払　法　人　税　等	81,300
損益計算書	販売費及び一般管理費	租　税　公　課	7,650
損益計算書	税引前当期純利益の次	法人税、住民税及び事業税	145,350

解　説　（単位：千円）

法人税、住民税及び事業税

源泉徴収された所得税については、法人税等の前払いと解し、中間納付額とともに仮払法人税等として取扱う。

（仮 払 法 人 税 等）	71,700	（租　税　公　課）	15,700
		（法　人　税　等）	56,000

事業税確定年税額のうち外形基準（付加価値割及び資本割）部分は、販売費及び一般管理費に租税公課として表示する。

（租　税　公　課）	7,650	（仮 払 法 人 税 等）	71,700
（法人税、住民税及び事業税）	145,350※	（未 払 法 人 税 等）	81,300 差額

$$※ \quad \underset{\text{法・住(年税)}}{120,500} + \underset{\text{事業(年税)}}{32,500} - \underset{\text{資本・付加(年税)}}{7,650} = 145,350$$

■問題2

解答

貸借対照表（単位：千円）

⋮

流動負債	
未払法人税等	（195,000）

損益計算書（単位：千円）

⋮

販売費及び一般管理費	
租税公課	（103,350）
⋮	
営業外収益	
受取利息配当金	（160,000）
⋮	
税引前当期純利益	1,000,000
法人税、住民税及び事業税	（379,000）
法人税、住民税及び事業税追徴税額	（32,000）
当期純利益	（589,000）

解説（単位：千円）

・受取利息配当金

源泉所得税が控除された後の純額で残高試算表に計上されているため総額に修正する。なお、源泉所得税の額は、法人税等の前払いと解し、中間納付額とともに仮払法人税等として取扱う。

（仮払法人税等）	20,000	（受取利息配当金）	20,000

・法人税、住民税及び事業税

当期の確定年税額が損益計算書の法人税、住民税及び事業税となる。ただし、事業税に係る外形基準部分は販売費及び一般管理費に租税公課として表示する。

（仮払法人税等）	185,000	（仮払金）	185,000
（租税公課）	21,000	（仮払法人税等）	205,000
（法人税、住民税及び事業税）	※ 379,000	（未払法人税等）	差額 195,000

※　400,000－21,000＝379,000

・法人税、住民税及び事業税追徴税額

法人税、住民税及び事業税の更正決定による追徴税額は当期の負担に属する法人税、住民税及び事業税とは区別して、税引前当期純利益から控除する形式で表示する。

■問題3

解答

貸借対照表 （単位：千円）

科　　目	金　　額	科　　目	金　　額
流動資産		流動負債	
売　掛　金	（　461,000）	⋮	
⋮		未払消費税等	（　34,200）

損益計算書 （単位：千円）

科　　目	金　　額	
売　　上　　高	（	2,110,000）
⋮		
〔営　業　外　収　益〕		
（雑　　収　　入）	（	100）

解説 （単位：千円）

1．売掛金に関する事項

（売　　掛　　金）	11,000	（売　　　　　上）	10,000 ※
		（仮受消費税等）	1,000

　　※　$11,000 \times \dfrac{100}{110} = 10,000$

2．諸税金に関する事項

（仮受消費税等）	168,800	（仮払消費税等）	95,200
		（仮　　払　　金）	39,300
		（未払消費税等）	34,200
		（雑　　収　　入）	100

第10回　株主資本

■問題1

【設問1】

解答

	純資産の部		（単位：千円）
I	株主資本	（	892,000）
1	（資　　本　　金）	（	650,000）
2	（資　本　剰　余　金）	（	120,000）
(1)	（資　本　準　備　金）	（	120,000）
3	（利　益　剰　余　金）	（	122,000）
(1)	（利　益　準　備　金）	（	67,000）
(2)	（その他利益剰余金）	（	55,000）
	（別　途　積　立　金）	（	5,000）
	（繰越利益剰余金）	（	50,000）
	純　資　産　合　計	（	892,000）

解説　（単位：千円）

・剰余金の配当に関する会計処理

＜会社仕訳＞

（仮　　払　　金）	20,000	（現　金　預　金）	20,000

＜修正仕訳＞

（繰　越　利　益　剰　余　金）	22,000	（仮　　払　　金）	20,000
		（利　益　準　備　金）	2,000 ※

　なお、剰余金の配当に伴って積み立てる準備金の金額は、準備金の額が資本金の4分の1に達するまで積み立てることとなる。

　※　剰余金の配当に伴う利益準備金積立額

(1)　$\overset{資本金}{500,000} \times \frac{1}{4} - (\overset{資本準備金}{30,000} + \overset{利益準備金}{65,000}) = 30,000$

(2)　$20,000 \times \frac{1}{10} = 2,000$

(3)　(1)＞(2)　∴2,000

・増資に関する会計処理

＜修正仕訳＞

| （仮　　受　　金） | 240,000 | （資　　本　　金） | 150,000[※] |
| | | （資　本　準　備　金） | 90,000_{差額} |

　　　※　500円×300,000株＝150,000

・繰越利益剰余金の算定

$$\underset{T/B}{30,000} + \underset{当期純利益}{42,000} - \underset{配当}{20,000} - \underset{利準}{2,000} = 50,000$$

【設問2】

解答

	純資産の部	（単位：千円）
I	株主資本	（　892,000）
1	（資　　本　　金）	（　500,000）
2	（新株式申込証拠金）	（　240,000）
3	（資　本　剰　余　金）	（　30,000）
(1)	（資　本　準　備　金）	（　30,000）
4	（利　益　剰　余　金）	（　122,000）
(1)	（利　益　準　備　金）	（　67,000）
(2)	（その他利益剰余金）	（　55,000）
	（別　途　積　立　金）	（　5,000）
	（繰越利益剰余金）	（　50,000）
	純　資　産　合　計	（　892,000）

解説

　　決算日が払込期日前の場合には、純資産の部の資本金の次に「新株式申込証拠金」として、払込金額を表示する。

■問題2

解答

<株主資本等変動計算書> (単位：千円)

	資本金	資本剰余金		利益剰余金			自己株式	株主資本合計
		資本準備金	その他資本剰余金	利益準備金	その他利益剰余金			
					別途積立金	繰越利益剰余金		
当期首残高	500,000	60,000	5,000	48,000	40,000	88,000	0	741,000
当期変動額								
新株の発行	37,500	37,500						75,000
(剰余金の配当)				1,000		△11,000		△10,000
(当期純利益)						28,800		28,800
自己株式の取得							△15,250	△15,250
当期変動額合計	37,500	37,500	——	1,000	——	17,800	△15,250	78,550
当期末残高	537,500	97,500	5,000	49,000	40,000	105,800	△15,250	819,550

<株主資本等変動計算書に関する注記（一部）>

発行済株式総数及び自己株式数に関する事項

(単位：株)

	当期首株式数	当期増加株式数	当期減少株式数	当期末株式数
発行済株式	25,000	2,500	—	27,500
自己株式	0	500	—	500

剰余金の配当に関する事項

(1) 配当支払額等

　（ X1 ）年6月26日の定時株主総会で、次のとおり決議しております。

　　・普通株式の配当に関する事項

　(イ) 配当金の総額 （ 10,000 ）千円

(2) 基準日が当事業年度に属する配当のうち、配当の効力発生日が翌事業年度になるもの

　（ X2 ）年6月26日開催の定時株主総会で、次のとおり提案しております。

　　・普通株式の配当に関する事項

　(イ) 配当金の総額 （ 18,900 ）千円

　(ロ) 配当の原資 （ 利益剰余金 ）

解 説 （単位：千円）

1．剰余金の配当

（繰越利益剰余金）	11,000	（利 益 準 備 金）	1,000 ※2
		（未 払 配 当 金）	10,000 ※1

※1　25,000株×400円＝10,000

※2 (1)　$500,000 \times \dfrac{1}{4} - (60,000 + 48,000) = 17,000$

　(2)　$10,000 \times \dfrac{1}{10} = 1,000$

　(3)　(1)＞(2)　∴1,000

2．新株の発行

（現 金 預 金）	75,000	（資 本 金）	37,500 ※
		（資 本 準 備 金）	37,500

※　$75,000 \times \dfrac{1}{2} = 37,500$

　株式会社の資本金の額は、原則として、株主となる者が払込みをした財産の総額であるが、その払込みに係る額の二分の一を超えない額は、資本金として計上しないことができる。

3．自己株式の取得

（自 己 株 式）	15,250	（現 金 預 金）	15,250

4．当期純利益

　当期純利益28,800を、繰越利益剰余金28,800の増加として記載する。

5．基準日が当期に属する配当のうち、配当の効力発生日が翌期となるものについては、株主資本等変動計算書に関する注記を行う。

　なお、配当金の総額については下記の算式により算定できる。

　（　27,500株　－　500株　）×700円＝18,900
　　期末発行済株式総数　　期末自己株式数

■問題3

問1

解答

貸借対照表	（単位：千円）
Ⅰ　株主資本	（1,474,500）
1　資本金	（　500,000）
2　資本剰余金	（　74,000）
(1)　資本準備金	（　70,000）
(2)　その他資本剰余金	（　4,000）
3　利益剰余金	（　903,500）
(1)　利益準備金	35,000
(2)　その他利益剰余金	（　868,500）
別途積立金	850,000
繰越利益剰余金	（　18,500）
4　自己株式	（△　3,000）

解説　（単位：千円）

1　繰越利益剰余金の算定

$$\underset{\text{T/B}}{8,500} + \underset{\text{当期純利益}}{10,000} = 18,500$$

2　自己株式の取得

（自 己 株 式）	15,000	（現 金 預 金）	15,000

3　自己株式の消却

（その他資本剰余金）	4,500	（自 己 株 式）	4,500※

※　$15,000 \times \dfrac{3株}{10株} = 4,500$

4　自己株式の処分

（現 金 預 金）	9,000	（自 己 株 式）	7,500※
		（その他資本剰余金）	1,500差額

※　$15,000 \times \dfrac{5株}{10株} = 7,500$

問2　【資料】4の払込期日がX2年4月15日であった場合

解答

貸借対照表	（単位：千円）
Ⅰ　株主資本	（1,474,500）
1　資本金	（ 500,000）
2　資本剰余金	（ 72,500）
（1）資本準備金	（ 70,000）
（2）その他資本剰余金	（ 2,500）
3　利益剰余金	（ 903,500）
（1）利益準備金	35,000
（2）その他利益剰余金	（ 868,500）
別途積立金	850,000
繰越利益剰余金	（ 18,500）
4　自己株式	（△ 10,500）
5（自己株式申込証拠金）	（ 9,000）

解説

　払込期日が翌期以降に到来する場合には払込金額を自己株式申込証拠金として表示する。

第11回　社債・新株予約権等

■問題1

解答

<貸借対照表>

(単位：千円)

表　示　区　分	表　示　科　目	金　　　額
流　動　負　債	未　払　費　用	750
固　定　負　債	社　　　　　債	97,250

<損益計算書>

(単位：千円)

表　示　区　分	表　示　科　目	金　　　額
営　業　外　費　用	社　債　利　息	4,000

解説　(単位：千円)

		※1			
(社　債　利　息)	1,000		(社　　　　　債)	1,000
(社　債　利　息)	750	※2	(未　払　社　債　利　息)	750

※1　額面総額　@100円×1,000千口＝100,000

$$\underset{\text{額面総額}}{(100,000} - \underset{\text{償却原価}}{96,250)} \times \frac{12 \text{ケ月}}{5 \text{年} \times 12 \text{ケ月} - 15 \text{ケ月}} = 1,000$$

※2　$100,000 \times 3\% \times \dfrac{3 \text{ケ月}}{12 \text{ケ月}} = 750$

■問題 2

解答

貸 借 対 照 表　　（単位：千円）

純 資 産 の 部

Ⅰ　株 主 資 本

　1　資 本 金　　　　　　　（　　　315,000）

　2　資 本 剰 余 金

　　⑴　資 本 準 備 金　　　　（　　　27,100）

　　　　　　　　　　　　　　　⋮

Ⅲ〔新 株 予 約 権〕　　　　　（　　　8,400）

解説　（単位：千円）

① 発行時の仕訳（処理済）

　（現　金　預　金）　　12,000　　（新 株 予 約 権）　　12,000

② 権利行使時の仕訳

　正しい仕訳

　（現　金　預　金）　13,500※1　（資　　本　　金）　15,000

　（新 株 予 約 権）　3,600※2　（資 本 準 備 金）　2,100 差額

　※1　45,000 行使に伴う払込金額の総額 ×30％＝13,500

　※2　12,000×30％＝3,600

　会社仕訳

　（現　金　預　金）　13,500　　（仮　　受　　金）　13,500

　修正仕訳

　（仮　　受　　金）　13,500　　（資　　本　　金）　15,000

　（新 株 予 約 権）　3,600　　（資 本 準 備 金）　2,100

■問題3

解答

```
          貸 借 対 照 表          （単位：千円）
          I  株 主 資 本
          1  資 本 金          （ 504,000）
          2  資本剰余金
          (1) 資 本 準 備 金 （ 74,000）
          (2) その他資本剰余金 （  1,000）
```

解説 （単位：千円）

① 新株発行分（X3年10月1日）

（仮　受　金）	100,000 ※1	（資　本　金）	54,000 ※3
（新 株 予 約 権）	8,000 ※2	（資 本 準 備 金）	54,000

※1　$\underset{\text{行使に伴う払込金額}}{50} \times 2,000個 = 100,000$

※2　$\underset{\text{発行に伴う払込金額}}{4} \times 2,000個 = 8,000$

※3　$(100,000 + 8,000) \times \dfrac{1}{2} = 54,000$

② 自己株式交付分（X4年2月1日）

（仮　受　金）	25,000 ※1	（自 己 株 式）	26,000
（新 株 予 約 権）	2,000 ※2	（その他資本剰余金）	1,000 差額

※1　$\underset{\text{行使に伴う払込金額}}{50} \times 500個 = 25,000$

※2　$\underset{\text{発行に伴う払込金額}}{4} \times 500個 = 2,000$

11

社債・新株予約権等

■問題4

解答

| 貸借対照表   （単位：千円）| 損益計算書   （単位：千円）|

負債の部

      ⋮

固 定 負 債   営業外費用

（社   債） （　160,000）   （社 債 発 行 費）   （　　1,000）

      ⋮

純資産の部

株 主 資 本

資 本 金   （　600,000）

資本剰余金

  資本準備金   （　 12,500）

  （その他資本剰余金）   （　　5,000）

      ⋮

自 己 株 式   （△15,000）

解説 （単位：千円）

(1) 新株予約権付社債の発行に関する修正仕訳

（仮　　受　　金）　200,000　（社　　　　　債）　200,000

（社 債 発 行 費）　 1,000　（仮　　払　　金）　 1,000

(2) 権利行使に関する仕訳

（社　　　　　債）　40,000※　（自 己 株 式）　35,000

                         （その他資本剰余金）　5,000

※　200,000×20％＝40,000

■問題5

解答

<貸借対照表>

(単位：千円)

表 示 区 分	表 示 科 目	金 額
新 株 予 約 権	新 株 予 約 権	17,500

<損益計算書>

(単位：千円)

表 示 区 分	表 示 科 目	金 額
販売費及び一般管理費	株 式 報 酬 費 用	17,500

解説 (単位：千円)

（株式報酬費用）　17,500※　（新株予約権）　17,500

※　@8,000円（公正な評価単価）× 7,500個（ストック・オプション数）＝60,000（公正な評価額）

$$60,000 \times \frac{7 \text{ケ月}}{24 \text{ケ月}} = 17,500$$

■問題6

解答

貸借対照表	（単位：千円）		損益計算書	（単位：千円）

純資産の部 — 販売費及び一般管理費

（株式報酬費用） （　5,390）

株 主 資 本

資 本 金　（8,225,225）

資本剰余金

　資 本 準 備 金　85,000

　（その他資本剰余金）　（　1,750）

　　　　⋮

自 己 株 式　（△ 20,000）

　　　　⋮

新 株 予 約 権　（　10,395）

解説　（単位：千円）

1　ストック・オプションに関する事項

（株式報酬費用）　5,390※　（新株予約権）　5,390

※　（120名－8名）×110個＝12,320個（ストック・オプション数）

　公正な評価単価　ストック・オプション数
　@3,500円　×　12,320個　＝43,120（公正な評価額）

　前年度までの費用計上額
　43,120－37,730＝5,390

2　仮受金に関する事項

(1)　X4年12月15日に係る仕訳

（仮　受　金）　211,750※1　（資　本　金）　225,225

（新株予約権）　13,475※2

　1株当たりの払込金額　1名当たりの交付株式数　権利行使人数
※1　@55,000円　×　110個×1株　×　35名　＝211,750

※2　$43,120 \times \dfrac{35名}{112名} = 13,475$

(2)　X5年2月18日に係る仕訳

（仮　受　金）　302,500※1　（自　己　株　式）　320,000（帳簿価額）

（新株予約権）　19,250※2　（その他資本剰余金）　1,750（差額）

　1株当たりの払込金額　1名当たりの交付株式数　権利行使人数
※1　@55,000円　×　110個×1株　×　50名　＝302,500

※2　$43,120 \times \dfrac{50名}{112名} = 19,250$

第12回　製造業会計

■問題1

解答

```
              製 造 原 価 報 告 書    （単位：千円）
  Ⅰ 材　　料　　費       （   1,420,000）
  Ⅱ 労　　務　　費       （     487,900）
  Ⅲ 経　　　　　費       （     760,100）
      当 期 総 製 造 費 用     （   2,668,000）
      期 首 仕 掛 品 棚 卸 高   （     348,000）
         合　　　　計        （   3,016,000）
      期 末 仕 掛 品 棚 卸 高   （     280,000）
      当 期 製 品 製 造 原 価   （   2,736,000）
```

```
              損　益　計　算　書      （単位：千円）
  Ⅰ 売　　上　　高                    3,290,000
  Ⅱ 売　上　原　価
      期 首 製 品 棚 卸 高   （     204,000）
      当 期 製 品 製 造 原 価 （   2,736,000）
         合　　　　計        （   2,940,000）
      期 末 製 品 棚 卸 高   （     360,000）  （   2,580,000）
      売 上 総 利 益                    （     710,000）
```

解説　（単位：千円）

1. 期 末 製 品 棚 卸 高　360,000

   期 末 仕 掛 品 棚 卸 高　$100 \times (2,000個 \times 100\%) + 80 \times (2,000個 \times 50\%) = 280,000$

   期 末 材 料 棚 卸 高　$230,000 + \underset{期末貯蔵品}{42,000} = 272,000$

   材 料 棚 卸 減 耗 損　7,000　→C/R経　費

   （原価性有り）

   材 料 評 価 損　1,000　→C/R経　費

   （製造に関連し不可避的に生じた収益性の低下）

2．賃　金　給　料　560,000×70％＝392,000 ⎤
　　法 定 福 利 費　26,000×70％＝ 18,200 ⎥
　　賞 与 引 当 金 繰 入　69,000×70％＝ 48,300 ⎬→C/R労務費
　　退 職 給 付 費 用　42,000×70％＝ 29,400 ⎦
　　福 利 厚 生 費　20,000×70％＝ 14,000 →C/R経 費

3．減価償却費

　　製造部門　232,100　→C/R経 費

4．製造用機械装置に対する修繕費　50,000　→C/R経 費

5．水道光熱費　570,000×80％＝456,000　→C/R経 費

C/R

材料費	
期首 ※ 159,000	
当期 1,533,000	
期末 272,000	
	(1,420,000)
労務費	
賃金 392,000	
法福 18,200	
賞引 48,300	
退費 29,400	
	(487,900)
経 費	
福利 14,000	
減償 232,100	
修繕 50,000	
水光 456,000	
減耗 7,000	
評損 1,000	
	(760,100)

期首貯蔵品
※　120,000＋ 39,000 ＝159,000

■問題2

解答

(1)	平　　均　　法	2,522,700千円
(2)	先　入　先　出　法	2,600,850千円

解説 （単位：千円）

生産データのまとめ

材　料　費

期首	120個	完成	1,110個
当期	1,140個	期末	150個
合計	1,260個	合計	1,260個

加　工　費

期首	※1 60個	完成	1,110個
当期	※3 1,140個	期末	※2 90個
合計	1,200個	合計	1,200個

※1　120個×50％＝60個

※2　150個×60％＝90個

※3　貸借差

1．当期総製造費用

(1) 材料費

　　$2,100,000 + 13,351,020 - 1,950,000 = 13,501,020$

(2) 加工費

　　$6,300,000 + 4,142,400 = 10,442,400$

2．平均法

(1) 材料費

　　$(825,180 + 13,501,020) \times \dfrac{150個}{120個 + 1,140個} = 1,705,500$

(2) 加工費

　　$(453,600 + 10,442,400) \times \dfrac{90個}{60個 + 1,140個} = 817,200$

(3) 合計

　　$1,705,500 + 817,200 = 2,522,700$

3．先入先出法

(1) 材料費

　　$13,501,020 \times \dfrac{150個}{1,140個} = 1,776,450$

(2) 加工費

　　$10,442,400 \times \dfrac{90個}{1,140個} = 824,400$

(3) 合計

　　$1,776,450 + 824,400 = 2,600,850$

第13回　研究開発費等

■問題1

解答

<貸借対照表>

(単位：千円)

表　示　区　分	表　示　科　目	金　　額
有 形 固 定 資 産	機　械　装　置	2,000
無 形 固 定 資 産	ソ フ ト ウ ェ ア	2,090

<損益計算書>

(単位：千円)

表　示　区　分	表　示　科　目	金　　額
販 売 費 及 び 一 般 管 理 費	研　究　開　発　費	8,310
販 売 費 及 び 一 般 管 理 費	ソ フ ト ウ ェ ア 償 却	110
販 売 費 及 び 一 般 管 理 費	雑　　　　　　　　費	100

解説 (単位：千円)

(1) 自社利用目的のソフトウェアは、将来の収益獲得又は費用削減が確実か否かを判断した上で、確実であれば無形固定資産に計上し、確実でなければ費用として処理する。また、設定作業及び当社の仕様に合わせるための費用はソフトウェアの取得原価に含めて処理し、問題の指示に従い5年間で償却する。なお、操作研修のための講師派遣費用100は取得原価に含めず、問題の指示に従い雑費として処理する。

（ソフトウェア）　　　2,200※　（仮　払　金）　　2,300

（雑　　　費）　　　100

※ $\underset{\text{ソフトウェア代}}{2,000} + \underset{\text{設定作業等}}{200} = 2,200$

（ソフトウェア償却）　　　110※　（ソフトウェア）　　　110

※ $2,200 \times \dfrac{3\text{ケ月（X2年1月〜X2年3月）}}{5\text{年間} \times 12\text{ケ月}} = 110$

(2) 委託研究における契約金については、役務の提供を受けたことが確定した時点、もしくは、利用可能になった時点で研究開発費として費用処理しなければならない。

（研　究　開　発　費）　　　1,500　（前　渡　金）　　　1,500

(3) 機械装置は、特定の研究開発目的のためのみに使用され、他の目的には使用できないものであるため、取得原価を研究開発費として発生時に費用処理する。

(4) 特定の研究開発目的に使用された後に他の目的に使用できる場合には機械装置等として資産に計上する。

■問題 2

解 答

貸 借 対 照 表

X4年 3 月31日　　　　　　　（単位：千円）

Ⅱ　固 定 資 産

　2　無形固定資産

　（ソフトウェア）　（　　　36,430)

　（ソフトウェア仮勘定)　（　　　7,560)

損 益 計 算 書

自X3年 4 月 1 日

至X4年 3 月31日　　　　（単位：千円）

⋮

Ⅲ　販売費及び一般管理費

　（ソフトウェア償却)　　　　　　　（　　　10,680)

解 説　（単位：千円）

(1)　Aソフトウェア

　（ソフトウェア償却)　　　5,760※　　（ソ フ ト ウ ェ ア）　　　5,760

　※　$27,840 \times \dfrac{12\text{ヶ月}}{5\text{年} \times 12\text{ヶ月} - 2\text{ヶ月}} = 5,760$

(2)　Bソフトウェア

　（ソフトウェア償却)　　　4,920※　　（ソ フ ト ウ ェ ア）　　　4,920

　※　$19,270 \times \dfrac{12\text{ヶ月}}{5\text{年} \times 12\text{ヶ月} - 13\text{ヶ月}} = 4,920$

(3)　Cソフトウェア

　制作途中のソフトウェアの制作費については、無形固定資産にソフトウェア仮勘定として計上する。

　（ソフトウェア仮勘定)　　　7,560　　（ソ フ ト ウ ェ ア）　　　7,560

第14回　会社法規定等

■問題1

解答

【設問1】

剰 余 金 の 額	130,000千円

分 配 可 能 額	126,500千円

【設問2】

剰 余 金 の 額	130,500千円

分 配 可 能 額	126,500千円

解説 （単位：千円）

【設問1】

(1) 剰余金の額の算定

　　その他資本剰余金　　その他利益剰余金
① 　　12,000　　＋　　120,000　　＝132,000

　　　①の額　　その他資剰減額
② 132,000 － 　2,000　 ＝130,000

(2) 分配可能額の算定

　　(1)剰余金の額　　自己株式　　その他有価証券評価差損
　　130,000 － 2,000 － 　　1,500　　＝126,500

【設問2】

(1) 剰余金の額の算定

　　その他資本剰余金　　その他利益剰余金
① 　　12,000　　＋　　120,000　　＝132,000

　　　①の額　　その他資剰減額　処分差益
② 132,000 － 　2,000　 ＋ 　500　 ＝130,500

(2) 分配可能額の算定

　　(1)剰余金の額　　自株(簿価)　その他有価証券評価差損　自株(処分対価)
　　130,500 － 1,200 － 　　1,500　　 － 　1,300　 ＝126,500

■問題1

解答

貸借対照表

X2年3月31日現在　　　　　　　　（単位：千円）

科　目	金　額	科　目	金　額
流動資産		流動負債	
売　掛　金	（　　6,500）	（返金負債）	（　　1,200）

損益計算書

自X1年4月1日　至X2年3月31日　　　　　（単位：千円）

科　目	金　　額
売　　上　　高	（　　56,400）

解説　（単位：千円）

商品販売時の処理の修正

1．適正仕訳

（売　掛　金）	3,600	（売　上　高）	2,400 ※1
		（返　金　負　債）	1,200 ※2

　※1　12個×200＝2,400

　※2　12個×（300－200）＝1,200

2．修正仕訳

（売　上　高）	1,200	（返　金　負　債）	1,200

■問題2

解答

貸借対照表

X2年3月31日現在　　　　　　　　　（単位：千円）

科　　目	金　額	科　　目	金　額
		流動負債	
		（契　約　負　債）	（　　　317）

損益計算書

自X1年4月1日　至X2年3月31日　　　（単位：千円）

科　　目	金　　　額
売　　上　　高	（　1,459,683）

解説 （単位：千円）

1. 販売時の処理の修正

（仮　受　金）　　60,000　　（売　　　上）　59,435 ※1

　　　　　　　　　　　　　　　（契　約　負　債）　565 ※2

$$※1\quad \underset{\text{取引価格}}{60,000} \times \frac{\overset{\text{商品・独立販売価格}}{60,000}}{\underset{\text{商品・独立販売価格}}{60,000} + \underset{\text{ポイント・独立販売価格}}{570}} = 59,435\,（百円の位四捨五入）$$

$$※2\quad \underset{\text{取引価格}}{60,000} \times \frac{\overset{\text{ポイント・独立販売価格}}{570}}{\underset{\text{商品・独立販売価格}}{60,000} + \underset{\text{ポイント・独立販売価格}}{570}} = 565\,（百円の位四捨五入）$$

2. ポイント使用時の処理の修正

（契　約　負　債）　　248 ※　　（売　　　上）　248

$$※\quad 565 \times \frac{\overset{\text{使用されたポイント}}{2,500}}{\underset{\text{使用されると見込むポイント}}{5,700}} = 248\,（百円の位四捨五入）$$

■問題3

解答

≪設問1≫

貸 借 対 照 表

X2年3月31日現在 （単位：千円）

科　目	金　額	科　目	金　額
流動資産			
売　掛　金	（　　6,450）		
（契　約　資　産）	（　　1,250）		

損 益 計 算 書

自X1年4月1日　至X2年3月31日 （単位：千円）

科　目	金　額
売　上　高	（　　526,000）

≪設問2≫

（単位：千円）

借　方	金　額	貸　方	金　額
売　掛　金	2,800	売　上　高	1,550
		契　約　資　産	1,250

解説 （単位：千円）

A商品引渡し時の処理の修正

1．適正仕訳

　（契　約　資　産）　　1,250　　（売　上　高）　　1,250

2．修正仕訳

　（契　約　資　産）　　1,250　　（売　掛　金）　　1,250

第16回　その他特殊項目

■問題1

解　答

<間接法によるキャッシュ・フロー計算書>

キャッシュ・フロー計算書　　　　　（単位：千円）

Ⅰ　営業活動によるキャッシュ・フロー

税引前当期純利益	(	70,000)
減価償却費	(	1,800)
貸倒引当金の(増加額)	(	1,200)
受取利息及び受取配当金	(△	27,600)
支払利息	(	32,300)
有形固定資産売却益	(△	5,000)
売上債権の増加額	(△	120,000)
棚卸資産の減少額	(	24,000)
仕入債務の増加額	(	7,250)
小　計	(△	16,050)
利息及び配当金の受取額	(	28,350)
利息の支払額	(△	32,300)
法人税等の支払額	(△	30,000)
営業活動によるキャッシュ・フロー	(△	50,000)

Ⅱ　(投資活動)によるキャッシュ・フロー

有価証券の取得による支出	(△	30,000)
有形固定資産の売却による収入	(	36,000)
貸付金の回収による収入	(	100,000)
定期預金の預入による支出	(△	1,000)
(投資活動)によるキャッシュ・フロー	(	105,000)

Ⅲ　(財務活動)によるキャッシュ・フロー

借入金の返済による支出	(△	40,000)
配当金の支払額	(△	38,000)
(財務活動)によるキャッシュ・フロー	(△	78,000)
Ⅳ　現金及び現金同等物の減少額	(△	23,000)
Ⅴ　現金及び現金同等物の期首残高	(	177,000)
Ⅵ　現金及び現金同等物の期末残高	(	154,000)

解 説 （単位：千円）

<営業活動によるキャッシュ・フロー>

間接法

① 非資金損益項目の調整

・減価償却費及び貸倒引当金

減価償却費及び貸倒引当金は資金の減少を伴わない費用であるため、税引前当期純利益に減価償却費及び貸倒引当金の増加額を加算する。

② 営業損益ベースに逆算するための損益項目の調整

・受取利息及び受取配当金

営業損益ベースに逆算するため減算する。

・支払利息

営業損益ベースに逆算するため加算する。

・有形固定資産売却益

営業損益ベースに逆算するため減算する。

③ 営業活動に係る資産負債項目の調整

・売上債権の増加額

税引前当期純利益から売掛金増加額を減算する。

$$\underset{\text{期末}}{1,420,000} - \underset{\text{期首}}{1,300,000} = \underset{\text{増加額}}{120,000}$$

・棚卸資産の減少額

税引前当期純利益に商品減少額を加算する。

$$\underset{\text{期末}}{536,000} - \underset{\text{期首}}{560,000} = \underset{\text{減少額}}{\triangle 24,000}$$

・仕入債務の増加額

税引前当期純利益に買掛金増加額を加算する。

$$\underset{\text{期末}}{1,048,250} - \underset{\text{期首}}{1,041,000} = \underset{\text{増加額}}{7,250}$$

④ 小計欄の下

・利息及び配当金の受取額

小計の下で実際収入額を加算する。

$$\underset{\text{受利配}}{27,600} + \underset{\text{期首未収}}{3,750} - \underset{\text{期末未収}}{3,000} = 28,350$$

・利息の支払額

小計の下で実際支出額を減算する。

・法人税等の支払額

小計の下で実際支出額を減算する。

$$\underset{\text{年税額}}{28,000} + \underset{\text{前期未納分}}{15,000} - \underset{\text{当期未納分}}{13,000} = 30,000$$

<投資活動によるキャッシュ・フロー>

　　・有価証券の取得による支出

　　　　有価証券の取得による実際支出額を減算する。

　　・有形固定資産の売却による収入

　　　　建物の売却による実際収入額を加算する。

　　・貸付金の回収による収入

　　　　貸付金の回収による実際収入額を加算する。

　　・定期預金の預入による支出

　　　　３ケ月を超える定期預金の預入額を減算する。

<財務活動によるキャッシュ・フロー>

　　・借入金の返済による支出

　　　　借入金の返済による実際支出額を減算する。

　　・配当金の支払額

　　　　配当金の支払いによる実際支出額を減算する。

■問題２

解答

問1

(単位：千円)

借　　　　方	金　　額	貸　　　　方	金　　額
諸　　資　　産	90,000	諸　　負　　債	50,000
の　　れ　　ん	5,000	資　　本　　金	45,000

問2

の　れ　ん　償　却	250千円

解説 (単位：千円)

問1

(諸　　資　　産)	90,000 ※2	(諸　　負　　債)	50,000 ※2
(の　　れ　　ん)	5,000 ※3	(資　　本　　金)	45,000 ※1

※1　@500円×90千株＝45,000

※2　受入れた資産・負債の時価

※3　貸借差額

問2

(の　れ　ん　償　却)	250 ※	(の　　れ　　ん)	250

※　$5,000 \times \dfrac{12ケ月}{20年 \times 12ケ月} = 250$

■問題3

解 答

【設問1】

Y社株式 (単位：千円)

表 示 区 分	表 示 科 目	金 額
投資その他の資産	投 資 有 価 証 券	280,000

移転損益 (単位：千円)

表 示 区 分	表 示 科 目	金 額
特 別 利 益	移 転 利 益	80,000

【設問2】

Y社株式 (単位：千円)

表 示 区 分	表 示 科 目	金 額
投資その他の資産	関 係 会 社 株 式	200,000

移転損益 (単位：千円)

表 示 区 分	表 示 科 目	金 額
		——

解 説 (単位：千円)

【設問1】

X社の会計処理

当該事業分離により分離先企業が子会社又は関連会社とはならず（事業分離後のX社のY社株式の保有割合 $\frac{20,000株}{150,000株+20,000株} ≒ 11.7\%$）、移転した事業に関する投資が清算されたと判断される。

Y社の発行済株式数 170,000株

X社以外のY社株主 150,000株	X社 20,000株 ≒ 11.7%

(諸 負 債) ※1	400,000	(諸 資 産) ※1	600,000
(投 資 有 価 証 券) ※2	280,000	(移 転 損 益) ※3	80,000

※1 b事業の帳簿価額

※2 @14×20,000株＝280,000

※3 貸借差額

【設問2】

　X社の会計処理

　当該事業分離により分離先企業が関連会社（事業分離後のX社のY社株式の保有割合 $\dfrac{50,000\text{株}}{150,000\text{株}+50,000\text{株}}=25\%$）となり、移転した事業に関する投資がそのまま継続していると判断される。なお、この場合には移転損益が発生しないことに留意すること。

```
                    ┌── Y社の発行済株式数　200,000株 ──┐
      ┌──────────────────────────┬──────────────────────┐
      │ X社以外のY社株主　150,000株 │ X社　50,000株＝25％ │
      └──────────────────────────┴──────────────────────┘
```

（諸　　負　　債）	400,000 ※1	（諸　　資　　産）	600,000 ※1	
（関 係 会 社 株 式）	200,000 ※2			

　※1　　b事業の帳簿価額

　※2　　貸借差額

■問題4

解答

P社	連 結 貸 借 対 照 表	（単位：千円）

諸　　資　　産	（　234,400）	諸　　　負　　　債	（　54,000）
の　　れ　　ん	（　　4,900）	資　　　本　　　金	（　100,000）
		利　益　剰　余　金	（　81,400）
		（非支配株主持分）	（　3,900）
資　　産　　合　　計	（　239,300）	負債・純資産合計	（　239,300）

解説 （単位：千円）

(1) 子会社の資産及び負債の時価評価

（諸　　資　　産）	3,000	（評　価　差　額）	3,000

(2) 投資と資本の相殺消去

（資　　　本　　　金）	20,000	（S　社　株　式）	40,000
（利　益　剰　余　金）	16,000	（非支配株主持分）※2	3,900
（評　価　差　額）	3,000		
（の　　れ　　ん）※1	4,900		

※1　のれん

　S社株式　　S社資本金　S社利剰　評価差額　　親会社持分割合
$$40,000 - (\ 20,000\ + 16,000 + 3,000\ ) \times\ 90\% \ = 4,900$$

※2　非支配株主持分

　S社資本金　S社利剰　評価差額　　非支配株主持分割合
$$(\ 20,000\ + 16,000 + 3,000\ ) \times\ 10\% \ = 3,900$$

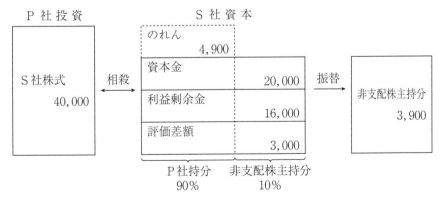

■問題5

解 答

P社　　　　　　　　　連 結 貸 借 対 照 表　　　（単位：千円）

諸　資　産 （　148,500）	諸　負　債	（　37,500）
の　れ　ん （　5,662）	資　本　金	（　81,000）
	利 益 剰 余 金	（　29,362）
	（非支配株主持分）	（　6,300）
資　産　合　計 （　154,162）	負債・純資産合計	（　154,162）

連 結 損 益 計 算 書

P社　　　　　　　　　　　　　　　　　　　　（単位：千円）

売　上　高		（　292,500）
売　上　原　価		（　234,000）
売　上　総　利　益		（　58,500）
販売費及び一般管理費		
販　売　費	（　39,120）	
の れ ん 償 却	（　298）	（　39,418）
税金等調整前当期純利益		（　19,082）
法　人　税　等		（　6,280）
当　期　純　利　益		（　12,802）
非支配株主に帰属する当期純利益		（　690）
親会社株主に帰属する当期純利益		（　12,112）

-274-

(1) 子会社の資産及び負債の時価評価

| （諸　資　産） | 1,250※ | （評　価　差　額） | 1,250 |

※　$\underset{時価}{8,750} - \underset{簿価}{7,500} = 1,250$

(2) 開始仕訳

（資　本　金）	22,500	（S　社　株　式）	30,000
（利　益　剰　余　金）	6,300	（非　支　配　株　主　持　分）	6,010※2
（評　価　差　額）	1,250		
（の　れ　ん）	5,960※1		

※1　$\underset{S社株式}{30,000} - (\underset{S社資本金}{22,500} + \underset{S社利剰}{6,300} + \underset{評価差額}{1,250}) \times \underset{親会社持分割合}{80\%} = 5,960$

※2　$(\underset{S社資本金}{22,500} + \underset{S社利剰}{6,300} + \underset{評価差額}{1,250}) \times \underset{非支配株主持分割合}{20\%} = 6,010$

(3) のれんの償却

| （の　れ　ん　償　却） | 298※ | （の　れ　ん） | 298 |

※　$5,960 \times \dfrac{12ケ月}{20年 \times 12ケ月} = 298$

(4) 当期純利益の非支配株主持分への振替

| （非支配株主に帰属する当期純利益） | 690※ | （非　支　配　株　主　持　分） | 690 |

※　$\underset{子会社当期純利益}{3,450} \times \underset{非支配株主持分割合}{20\%} = 690$

(5) 配当金の修正

| （非　支　配　株　主　持　分） | 400※1 | （利　益　剰　余　金） | 2,000 |
| （受　取　配　当　金） | 1,600※2 | | |

※1　$\underset{配当金}{2,000} \times \underset{非支配株主持分割合}{20\%} = 400$

※2　$\underset{配当金}{2,000} \times \underset{親会社持分割合}{80\%} = 1,600$

16
その他特殊項目

大原は1年でも早い
官報合格を応援します!!

時間がない社会人のための講義スタイル!!
1講義60分!時間の達人シリーズ

大原は講義スタイルが選べる!!

プロジェクターを駆使した人気の教室講義に加え、スタジオで専用収録した「時間の達人シリーズ」。時間の達人シリーズは講義時間60分で内容そのまま!時間を有効活用したい方にオススメです!!

時間の達人シリーズ
講義時間60分

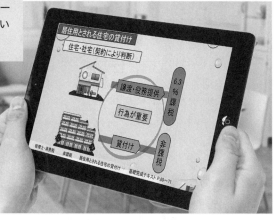

教室講義スタイル
講義時間150分～180分

組み合わせ自由自在!
複数科目が受講しやすく!!

急な仕事や用事で講義を休んでも安心の無料フォローがあります!!
Web講義が標準装備!

いつでもWebで補講を受講!

仕事などのやむを得ない事情で講義を欠席してもWeb講義でペースを乱すことなく、学習を継続することができます。

進化を続ける大原方式

1年でも早く税理士試験の官報合格という夢を叶えていただき、より税理士業界を活性化していくべく大原は進化を続けてまいります。社会の変化に適応した商品開発を行い、今後も数多くの方と税理士試験の官報合格の喜びを分かち合うべく精進致します。

初めて学習される方にオススメ!!

時間の達人Webフォロー

教室講義スタイルに時間の達人Webフォローを追加!

教室講義スタイル
(教室通学・映像通学 Web通信)

+

時間の達人シリーズ
（Webフォロー）

「予習に」「総復習に」
「繁忙期に」
使い方いろいろ!
学習方法や学習効率が
大きく変わります!!

※教室講義スタイルのWeb講義は標準装備されています。

今年も税理士試験官報合格者の
半数以上が大原生です!!

■2023年度（第73回）税理士試験
大原生官報合格占有率
（2024年2月10日現在）

53.3%

大原生合格者
320名
（専門課程 **5名**を含む）

全国官報合格者
600名

※大原生合格者は、全国大原グループにおいて合格するための授業、模擬試験等がすべて含まれたコースで、税理士試験合格に必要な受験科目の半数以上を受講した方を対象としています。
◎資格の大原の合格実績には、公開試験のみの受講生、出版教材のみの購入者、資料請求者、情報提供のみの登録者、無料の役務提供者は一切含まれておりません。

コース一覧

自分の学習レベルや実力アップのプランに合わせた受講コースの設定が必要です。
無理なく効率的なコース選択をしましょう。

5月開講
[2月発刊 税理士パンフレット]

| 初学者一発合格コース | 開講科目 | 簿記・財表 |

9月開講
[6月発刊 税理士パンフレット]

| 初学者一発合格コース | 開講科目 | 簿記・財表・所得・法人・相続 消費・国徴・住民・事業・固定 |

| 経験者年内完結コース
経験者年内完結+完全合格コース | 開講科目 | 簿記・財表・所得・法人・相続 消費 |

| 〈時間の達人シリーズ〉
初学者一発合格コース | 開講科目 | 簿記・財表・相続・消費 |

| 〈時間の達人シリーズ〉
経験者年内完結コース
経験者年内完結+完全合格コース | 開講科目 | 簿記・財表・法人・相続・消費 |

1月開講
[11月発刊 税理士パンフレット]

| 初学者短期合格コース | 開講科目 | 簿記・財表・所得・法人・相続・消費 酒税・国徴・住民・事業・固定 |

| 経験者完全合格コース | 開講科目 | 簿記・財表・所得・法人・相続 消費 |

| 〈時間の達人シリーズ〉
初学者短期合格コース（予定） | 開講科目 | 相続・消費 |

| 〈時間の達人シリーズ〉
経験者完全合格コース（予定） | 開講科目 | 簿記・財表・法人・相続・消費 |

直前対策
[2月発刊（予定） 直前対策パンフレット]

| 直前対策パック | 開講科目 | 全11科目 |

| 模擬試験パック | 開講科目 | 全11科目 |

| 全国統一公開模擬試験 | 開講科目 | 全11科目 |

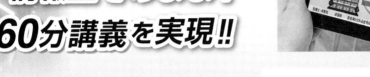

正誤・法改正に伴う修正について

本書掲載内容に関する正誤・法改正に伴う修正については「資格の大原書籍販売サイト 大原ブックストア」の「正誤・改正情報」よりご確認ください。

https://www.o-harabook.jp/
資格の大原書籍販売サイト 大原ブックストア

正誤表・改正表の掲載がない場合は、書籍名、発行年月日、お名前、ご連絡先を明記の上、下記の方法にてお問い合わせください。

お問い合わせ方法

【郵　送】〒101-0065　東京都千代田区西神田2-2-10
　　　　　大原出版株式会社　書籍問い合わせ係
【E-mail】shopmaster@o-harabook.jp

※お電話によるお問い合わせはお受けできません。
　また、内容に関する解説指導・ご質問対応等は行っておりません。
　予めご了承ください。

2025年　税理士受験対策シリーズ

財務諸表論　個別計算問題集

■発行年月日──1979年9月1日　初版発行
　　　　　　　2024年5月9日　第46版発行
■著　　　者──資格の大原　税理士講座
■発　行　所──大原出版株式会社
　　　　　　　〒101-0065 東京都千代田区西神田1-2-10
　　　　　　　TEL 03-3292-6654
■印刷・製本──株式会社メディオ

定価は表紙に表示してあります。　ISBN978-4-86783-116-8　C1034